J. H. Alsted, Herborns calvinistische Theologie und Wissenschaft
im Spiegel der englischen Kulturreform des frühen 17. Jahrhunderts

Aspekte der englischen Geistes- und Kulturgeschichte

Aspects of English Intellectual, Cultural, and Literary History

Herausgegeben von Jürgen Klein
Universität-Gesamthochschule-Siegen

Band 16

Verlag Peter Lang
Frankfurt am Main · Bern · New York · Paris

J.H. Alsted, Herborns calvinistische Theologie und Wissenschaft im Spiegel der englischen Kulturreform des frühen 17. Jahrhunderts

Studien zu englisch-deutschen Geistesbeziehungen der frühen Neuzeit

von B. Griesing, J. Klein, J. Kramer

Herausgegeben von J. Klein und J. Kramer

Verlag Peter Lang

Frankfurt am Main · Bern · New York · Paris

CIP-Titelaufnahme der Deutschen Bibliothek

J. H. Alsted, Herborns calvinistische Theologie und Wissenschaft im Spiegel der englischen Kulturreform des frühen 17. Jahrhunderts : Studien zu engl.-dt. Geistesbeziehungen d. frühen Neuzeit / Jürgen Klein ; Johannes Kramer (Hrsg.). - Frankfurt am Main ; Bern ; New York ; Paris : Lang, 1988
(Aspekte der englischen Geistes- und Kulturgeschichte ; Bd. 16)
ISBN 3-8204-9759-5

NE: Klein, Jürgen [Hrsg.]; GT

ISSN 0724-486X
ISBN 3-8204-9759-5

© Verlag Peter Lang GmbH, Frankfurt am Main 1988.

Johann Heinrich Alsted (1558–1638)
Professor der Philosophie und Theologie
Foto Ansgard Hartmann, nach einer Vorlage im Besitz des
Geschichtsvereins Herborn

Johann Amos Comenius (1592–1670)
Kupferstich von George Glover
Gedruckt mit freundlicher Genehmigung
(National Portrait Gallery, London)

5

VORBEMERKUNG

Die hier in Buchform vorgelegten Studien zur geistigen Gestalt der Herborner calvinistischen Theologie und Wissenschaft sowie zu ihrem Einfluß auf die Kulturreform des englischen Bürgerkrieges führen Ansätze weiter, die auf meine Monographie *Radikales Denken in England: Neuzeit* (1984) zurückgehen.

Die Herborn-Studien befassen sich einerseits mit dem Wissenschaftskonzept der Hohen Schule sowie mit der durch calvinistische Theologie angeregten Apokalyptik. Alle drei Tendenzen fanden vor allem durch die Vermittlung des Jan Amos Comenius in England rege Aufnahme. Die zentrale Figur für den "Wissenschafts- und Theorietransfer" nach England ist aber Johann Heinrich Alsted. Er steht auch im Mittelpunkt des vorliegenden Buches, das seine Entstehung unter anderem der Vierhundertjahrfeier der Hohen Schule zu Herborn im Jahre 1984 verdankt.

An dieser Stelle sei erwähnt, daß Anfänge des Projektes vom Forschungsschwerpunkt "Historische Mobilität und Normenwandel" der Universität - Gesamthochschule Siegen gefördert wurden.

Erst die sorgfältige Arbeit von Frau Dorothee Zara-Moldenhauer, die den größten Teil der Druckvorlagen angefertigt hat, hat die äußere Form, in der die vorliegende Publikation erscheint, möglich gemacht.

Besonderer Dank gilt dem Herrn Bürgermeister und dem Magistrat der Stadt Herborn, welche diese Buchpublikation unterstützt haben.

Siegen, im März 1988   Jürgen Klein

7

INHALT

JOHANNES KRAMER

J.H.ALSTEDS "DIATRIBE DE MILLE ANNIS APOCALYPTICIS" UND W.BURTONS ÜBERSETZUNG "THE BELOVED CITY"

Skizze der Biographie J.H.Alsteds

Johann Heinrich Alsted (latinisiert Johannes Henricus Alstedius) wurde im März 1588 (das genaue Datum ist unbekannt) in Ballersbach bei Herborn geboren, wo sein Vater Jakob Alsted reformierter Pfarrer war. Alsted erwähnt gelegentlich, daß ihn sein Vater von Kollegen unterrichten ließ und ihm gleichzeitig Gelegenheit gab, selbst andere Kinder zu unterweisen:

Pater meus clementissimus subinde affecit et praefecit doctores,qui mihi modum discendi monstrarent digitis velut intensis atque cibum praemansum in os ingererent, et simul discipulos frugi dedit, quibus ipse - absit iactantia dicto - viam discendi demonstrarem (J.A.Alsted, *Artium liberalium ... systema mnemonicum,* Frankfurt 1609, 26-27).

Mein milder Vater gab mir dann Lehrer an die Seite und setzte sie über mich, die mir wie mit ausgestreckten Fingern zeigen sollten, wie man lernt, und die mir vorgekaute Speise in den Mund zu legen hatten; zugleich übergab mein Vater mir Schüler, denen ich - ohne jetzt etwas Angeberisches sagen zu wollen - meinerseits zeigen sollte, wie man lernt.

Angesichts dieser häuslichen Umstände ist es nicht besonders verwunderlich, daß Alsted bereits als Elfjähriger in die dritte Kalsse des Paedagogiums der Hohen Schule zu Herborn aufgenommen wurde. Diese nach dem Vorbild der reformierten Akademien von Genf und Straßburg 1584 von Graf Johann VI. dem Älteren, dem Bruder Wilhelms von Oranien, gegründete Lehranstalt diente in erster Linie der Heranbildung von Pfarrern und Beamten für die Nassauischen Länder. Alsted besuchte das Paedagogium, das eine Vorschule zum Besuch der eigentlichen Akademie darstellte, vom 10.5.1599 bis zum 2.10.1602, als er nach einer Prüfung, die seine Vertrautheit mit den fundamentalen Kenntnissen in den theologischen, sprachlichen und mathematischen Disziplinen nachwies, in die Hochschulmatrikel eingeschrieben wurde. An der Herborner Akademie studierte Alsted dann vier Jahre lang, vom Herbst 1602 bis zum Frühjahr 1606. Den Abschluß seiner Studien bildete unter dem Präsidium des Theologen J.Piscator eine Disputation, von der uns nur der wenig aufschlußreiche Titel *Quaestiones illustres numero IX* bekannt ist.

Nach Abschluß des Studiums in Herborn erhielt Johann Heinrich Alsted vom nassauischen Landesherrn ein Stipendium, das ihm längere auswärtige

Studien ermöglichte. Am 19.April 1606 schrieb sich Alsted als Theologiestudent in Marburg ein, wo besonders Gregor Schönfeldt einen bleibenden Eindruck hinterließ:

Honoris autem causa nomino reverendum virum dominum Gregorium Schonfeldt, sanctae theologiae doctorem et professorem in inclyta Mauritiana Academia, quae est Marpurgi, quem audivi enarrare officium theologi ecclesiastici et scholastici (J.H.Alsted, *op.cit.*, 438).

Ich nenne aber, um ihm eine Ehre zu erweisen, den ehrwürdigen Herrn Gregor Schönfeldt, Doktor und Professor der heiligen Theologie in der berühmten Marburger Moritz-Akademie; bei ihm hörte ich theologische und scholastische Vorlesungen.

Vom Juli 1607 an studierte Alsted in Basel. Besonderen Eindruck machte dort der Theologe Amandus Polan von Polansdorf auf den Studenten aus Herborn:

(Vitam litteratam) cum primis mihi commendavit vere magnus theologus dominus Amandus Polanus a Polansdorf, sanctissimae theologiae doctor et professor in inclyta Basileensi Academia, praeceptor de me optime meritus (J.H.Alsted, *Panacea philosophica*, Herborn 1610, 4).

Ein geistiger Tätigkeit gewidmetes Leben empfahl mir besonders der wirklich große Theologe, Herr Amandus Polan von Polansdorf,Doktor und Professor der heiligen Theologie in der berühmten Baseler Akademie, ein Lehrer, der sich sehr um mich verdient gemacht hat.

Nach einem abschließenden kurzen Studienaufenthalt in Heidelberg (Matrikeleintragung vom 5.April 1608 als *Joannes Heiniricus Histedius Nassovius*) nahm Alsted zum Winter 1608 seine Tätigkeit am Paedagogium auf, das, um der Pestgefahr weniger ausgesetzt zu sein, 1606 von Herborn nach Siegen verlegt worden war. Nach der Rückkehr nach Herborn im Jahre 1609 bekleidete er bereits die für einen so jungen Mann ehrenvolle Stelle der Praeceptors der obersten Klasse des Paedagogiums.

Seit 1608 erschienen Werke von Johann Heinrich Alsted zu den verschiedensten Themen (*Musica Hebraica*, Heidelberg 1608; *Flores theologici*, Basel 1608; *Clavis artis Lullianae et verae logices*, Straßburg 1609; *Compendium grammaticae Latinae*, Herborn 1610; *Panacea philosophica, id est facilis, nova et accurata methodus docendi et discendi universam encyclopaediam*, Herborn 1610; *Systema mnemonicum duplex*, Frankfurt 1610; *Theatrum scholasticum*, Herborn 1610), was sicher der Hauptgrund dafür war, daß er bereits im Jahre 1611 zum außerordentlichen Professor an der Philosophischen Fakultät ernannt wurde. Er hielt Vorlesungen über Metaphysik und Rhetorik, und er war auch als Leiter von Disputationen, also nach unserer Terminologie als Betreuer von Dissertationen, tätig.

Alsteds ununterbrochen fruchtbare Tätigkeit als wissenschaftlicher Autor auf den verschiedensten Wissensgebieten trug ihm Rufe aus Hanau, Wesel und Brandenburg ein, die er alle ablehnte. In Herborn wurde er am 1.12.1615 zum Ordinarius für Philosophie ernannt.

Wahrscheinlich hat Alsted auch 1615 geheiratet; er nahm Anna Katharina Raab, die Tochter seines Verlegers, des Herborner Akademiedruckers Georg Raab (latinisiert Georgius Corvinus), zur Frau. Aus dieser Ehe gingen vier Kinder hervor.

Gemeinsam mit Johannes Bisterfeld vertrat Alsted die nassauischen Lande auf der Dordrechter Synode des Jahres 1618, auf der die Anhänger der Lehre vom freien Willen, die sogenannten Arminianer, zu denen z.B. auch Hugo Grotius gehörte, von den Anhängern der Prädestinationslehre, zu der sich auch die nassauischen Vertreter bekannten, als Häretiker verurteilt wurden.

Nach seiner Rückkehr wurde Alsted zusätzlich zur Professur für Philosophie auch der Lehrstuhl für Theologie übertragen, und am 29.5.1619 wurde er zum Rektor der Hohen Schule von Herborn gewählt; in diesem Amte wurde er im Jahre 1625 bestätigt.

Zu Anfang der zwanziger Jahre des siebzehnten Jahrhunderts hatte Johann Heinrich Alsted also im Alter von wenig mehr als dreißig Jahren den Zenit seiner akademischen Laufbahn erreicht. Im Jahre 1620 erschien auch Alsteds erste Enzyklopädie, ein Werk von mehr als dreitausend Seiten, unter dem Titel *Cursus philosophici encyclopaedia libris XXVII complectens universae philosophiae methodum* im Verlag seines Schwiegervaters. Schon dieses Werk bemüht sich, einen Gesamtüberblick über den Stand der Wissenschaften zu damaliger Zeit zu geben.

Als infolge der Wirren des Dreißigjährigen Krieges (Brand der Stadt Herborn während der Einquartierung kaiserlicher Truppen am 20.8.1626, danach Abreise der meisten Studenten) der Lehrbetrieb im Herborn nach dem Sommerhalbjahr 1626 völlig zum Erliegen gekommen war, nutzte Alsted die unfreiwillige Muße zur Abfassung der größten bis dahin je in Angriff genommenen Enzyklopädie, die dann schließlich im Jahre 1630 als *Encyclopaedia septem tomis distincta* in Herborn erschien. Dieses typisch barocke Universalwerk erfreute sich größter Beliebtheit; der auf die Musik bezügliche Teil kam im Jahre 1664 in einer von John Birchensha angefertigten englischen Version in London heraus, und das Gesamtwerk erlebte unter dem leicht veränderten Titel *Scientiarum omnium encyclopaedia* 1649 in Lyon eine zweite Auflage. Inzwischen waren die Verhältnisse in Herborn jedoch so untragbar geworden, daß Alsted sich genötigt sah, einen Ruf an die reformierte Hohe Schule von Alba Iulia (Weißenburg / Karlsburg bzw. Gyulafehérvár) anzunehmen. Der Ruf kam im Jahre 1629, woraus es sich erklärt, daß die *Encyclopaedia* schon Alsteds neuem Dienstherrn, dem Siebenbürgischen Herrscher Gábor Bethlen,der allerdings bereits am 15.11.1629 starb, gewidmet ist.

Siebenbürgen war seit dem 16.Jh. ein unter nomineller osmanischer Oberhoheit stehendes eigenständiges Fürstentum, dessen ungarischsprachige Elite sich größtenteils zum Protestantismus bekannte; Fürst Bethlen hatte in der Hauptstadt Alba Iulia 1623 die erste Universität Siebenbürgens gegründet, die das geistige Zentrum des ungarischen Kalvinismus wurde. Es ist nur zu verständlich, daß man alles daran setzte, den inzwischen weltberühmten Enzyklopädisten Alsted als Mehrer des Ruhmes der neuen Bildungsanstalt zu gewinnen.

In Alba Iulia widmete sich Alsted intensiv der Organisation der Hohen Schule und verfaßte vor allem didaktisch ausgerichtete Arbeiten (*Grammatica Latina*, 1635; *Rudimenta linguae Latinae*, 1634, bis 1797 (!) in Ungarn immer wieder neu aufgelegt; *Rudimenta linguae Graecae*, 1634; *Rudimenta linguae Hebraicae et Chaldeicae*, 1634). Bei den Diskussionen zwischen den siebenbürgischen Lutheranern und Kalvinisten verteidigte Alsted häufig die Interessen seiner Konfession. Ingesamt gelang es ihm jedoch nicht, eine Position zu erreichen, die mit seiner Stellung in den besten Herborner Jahren vergleichbar gewesen wäre. Dazu werden natürlich die durch die ständigen kriegerischen Konflikte mit den Türken verursachten unruhigen Zeiten sowie die Tatsache, daß Alsted eben doch ein Fremder blieb, der nicht einmal die Landessprache beherrschte, das Ihrige beigetragen haben.

Am 9.November 1538 starb Johann Heinrich Alsted in Alba Iulia.

Die sorgfältigste Biographie erarbeitete Ingo Schultz, *Studien zur Musikanschauung und Musiklehre J.H.Alsteds*, Diss.Marburg 1967, 25-35; ebendort, 125-145 auch eine komplette Bibliographie. Ergänzende Angaben bietet Joachim Staedtke, ThRE 2, Berlin / New York 1978, 299-303.

J.H.Alsteds *Diatribe de mille annis apocalypticis*

Neben der *Encyclopaedia* gründet Alsteds Bekanntheit unter den Zeitgenossen sich vor allem auf seine Interpretation des 20.Kapitels der Apokalypse.

Im allgemeinen standen die Kalvinisten jeglichem Chiliasmus ablehnend gegenüber, und Jean Calvin selbst hatte sich in seinem Danielkommentar scharf gegen alle Berechnungsversuche gewandt (*Opera omnia* XLI 302 303). Am Rande der offiziellen Kirchenlinie brachte aber die Krisensituation, die für das dritte Jahrzehnt des 17.Jh. charakteristisch ist, eine reiche Literatur hervor, die sich mit dem nahen Weltende beschäftigte. Die Verwüstungen des Dreissigjährigen Krieges waren ja in der Tat geeignet, den Zeitgenossen apokalyptische Gedanken nahezulegen. In dieser Situation gab sich J.H.Alsted daran, den Darlegungen der *chiliastae et phantastae* eine Deutung der sich auf das Weltende beziehenden Bibelstellen entgegenzusetzen, die über den Verdacht des Sektierertums erhaben sein sollte und fest auf den Boden der reformierten Rechtgläubigkeit stünde.

Wenn man allerdings erwartete, daß J.H.Alsted angesichts der Ungewöhnlichkeit, ja Unerhörtheit seines Vorgehens im kalvinistischen Kontext eine grössere Rechtfertigung für seine Arbeit liefern würde, so täuscht man sich. Die an den *Christianus lector* gerichtete Vorrede ist nicht einmal zwei Seiten lang und nennt lediglich drei Voraussetzungen zur richtigen Deutung der Heiligen Schrift: gnadenvolle Erleuchtung durch den Heiligen Geist, Vergleichung sorgfältig gelesener Bibelstellen miteinander, Erfahrung darin, zu erkennen, ob ein historisches Ereignis die Erfüllung einer biblischen Prophetie darstellt.

Das eigentliche Werk, dem der Text des 20.Kapitels der Apokalypse im griechischen Urtext und in einer sich bewußt von der "katholischen" Vulgata abhebenden lateinischen Übersetzung vorangestellt wird, ist ausgesprochen schulmäßig, ja schematisch aufgebaut. In den *Prolegomena* werden Autor, Gegenstand und Einordnung des Kapitels in den Zusammenhang des Gesamttextes der Apokalypse behandelt. Es folgt eine *Analysis philologico - theologica*, in der Einzelwörter und Satzteile sprachlich abgehandelt werden, und eine *Analysis logico - theologica,* die den logischen Zusammenhang des Kapitels zum Gegenstand hat. Eine Wiedergabe des Bibeltextes in paraphrasierender Umformulierung geht dann dem eigentlichen Hauptteil voran, in dem mögliche Einwände gegen die Grundthese, daß dem Krieg zwischen Gog und Magog, dem das Jüngste Gericht folgen wird, eine tausendjährige Periode des Wohlergehens der Kirche und der Bekehrung der Ungläubigen vorangehen muß, durch Stellen aus der Apokalypse selbst und vor allem durch 66 Stellen aus anderen Bibelbüchern widerlegt werden. Die *Diatribe* endet nach diesem zentralen Teil, der immerhin etwa ein Drittel des Gesamtwerkes umfaßt, mit einer kritischen Umschau unter den Werken von Theologen, die sich ebenfalls um die Deutung des 20.Kapitels der Apokalypse bemüht haben, sowie mit *Doctrinae*, die sich aus der Interpretation ergeben.

Auffällig ist es, daß ein Mann wie J.H.Alsted, der Lehrbücher zu den klassischen Sprachen verfaßt hat, in seiner *Diatribe* eigentlich kaum philologisch vorgeht. So wird, obwohl dem Traktat der griechische Urtext vorangestellt ist, in der *Analysis philologico - theologica* beinahe nur mit der lateinischen Übersetzung argumentiert, und Textprobleme in engeren Sinne finden überhaupt keine Beachtung. Einzig die Bedeutung einiger griechischer Wörter wird behandelt, und die Verwendung hebräischer Buchstaben kommt nicht vor, obwohl von *Gojim* die Rede ist. Die Erklärung für diese auffällige Zurückhaltung *in philologicis* kann nur darin zu suchen sein, daß des Griechischen und des Hebräischen unkundige Leser nicht abgeschreckt werden sollten. Das Zielpublikum der Schrift sind also durchschnittlich gebildete Leser mit theologischen Interessen, nicht aber Theologen immer engeren Sinne, bei denen man neben der Kenntnis der für jeden Gebildeten unerläßlichen lateinischen Sprache auch Vertrautheit mit den Ursprachen der Heiligen Schrift hätte voraussetzen dürfen.

Die *Diatribe* ist im üblichen Gelehrtenlatein des 17.Jh. abgefaßt, also grammatikalisch im allgemeinen korrekt, aber ohne besondere Eleganz. Es liegt Alsted ferne, längere Perioden zu bauen, und sein beliebtestes Stilmittel ist die parallel gebaute Antithese. Wenn es möglich ist, wird die Hauptsatzkonstruktion der Unterordnung vorgezogen: *itaque* ist beliebt und häufig, begründendes *cum* kommt nur vor, wenn es sich nicht umgehen läßt. Häufig stehen Hauptsätze auch unverbunden nebeneinander, ohne daß ihr logisches Verhältnis sprachlich ausgedrückt würde, wie es in gutem ciceronianischen Latein die Regel wäre. Es findet sich im ganzen Text nicht eine Stelle, an der man den Eindruck haben könnte, daß bewußt eine sprachliche Überhöhung angestrebt oder daß rhetorische Mittel eingesetzt würden. Der monotone Traktatstil hat natürlich für Leser, deren Lateinkenntnisse nicht ganz perfekt sind, den Vorteil, gut verständlich zu sein.

Die alles in allem recht trockene und pedantische *Diatribe* hätte sicherlich niemals die große Verbreitung erlangt, die sie nach dem Ausweis
der Tatsache, daß sie zwei Auflagen (Frankfurt [1]1627, [2]1630, beide beim
Verleger Konrad Eifrid) und zwei Übersetzungen (deutsch von Sebastian
Frank 1630; englisch von William Burton 1643) erlebte, gehabt haben muß,
wenn es in ihr nicht eine Stelle gäbe, an der der Beginn des Millenniums
auf das Jahr genau vorhergesagt wäre.

Als vierzigste Belegstelle dafür, daß viele Dinge, die in der Bibel
prophezeit sind, noch nicht eingetroffen sind, weswegen davon auszugehen
ist, daß das Millenium noch nicht begonnen hat (*magna Ecclesiae felicitas
in his terris est praedicta divinitus in Veteri et Novo Testamento, sed
nondum impleta*), wird Daniel 12, 11-12 angeführt, wo es heißt: *Von der
Zeit an, in der man das tägliche Opfer abschafft und den unheilvollen
Greuel aufstellt, sind es 1290 Tage. Wohl dem, der es aushält und 1395
Tage erreicht!* J.H.Alsted faßt nun die *Tage* als *dies prophetici, hoc est
anni* auf und rechnet also von 69 n.Chr., dem Jahr der Zerstörung des Tem-
pels in Jerusalem durch Titus, zunächst 1290 Jahre hinzu, womit er in das
Jahr 1359 kommt; dann rechnet er, obwohl der Danieltext dafür keinen An-
haltspunkt gibt, die in 12,12 genannten 1395 Tage = Jahre hinzu, womit
er im Jahre 2694 ist, was dann das Ende der Apoc.20,4 genannten tausend
apokalyptischen Jahre wäre. Dementsprechend wäre also der Beginn des Millenniums ins Jahr 1694 zu datieren.

Diese Voraussage, daß das Millenium in absehbarer Zeit anfangen würde
und daß die Generation der zur Zeit des Erscheinens der *Diatribe* Geborne-
nen den Anbruch der neuen Epoche noch erleben könnte, barg nicht nur für
Leser in dem von Dreißigjährigen Kriege zerrütteten Deutschland eine sichere Zukunftserwartung in sich, sondern vermochte auch Lesern in anderen
von inneren Unruhen erschütterten Ländern Trost zu spenden. William Burton, der eine vielversprechende Universitätslaufbahn in Oxford infolge
finanzieller Probleme mit einer Tätigkeit als Lehrer in Kingston-upon-
Thames hatte vertauschen müssen, betrachtete Alsteds *Diatribe*,die ihm zu-
fällig in die Hände fiel, als *meanes whereby I might mitigate my appre-
hension of the miseries issuing from these present distempers.* Er unter-
nahm es, die lateinische Schrift ins Englische zu übersetzen; mit einer
Widmung an Sir John Cordwell, Master of the Company of Mercers of London,
erschien die Übersetzung 1643, *in the yeare of the last expectation of*

the *SAINTS*. Dem Werk wurde ein neuer Titel gegeben, der die chiliastische Heilserwartung deutlicher hervortreten ließ: *The Beloved City* (nach Apoc.20,9: ἡ πόλις ἡ ἠγαπημένη) or *the Saints' Reign on Earth a Thousand Years*. Die Übersetzung ist wortgetreu. W.Burton hat sich allerdings bemüht, den Leser nicht mit technischen Ausdrücken aus der Grammatik und Rhetorik zu überfordern. Sein normales Vorgehen besteht darin, daß er sie einfach wegläßt. So fehlen in der *Analysis philologico-historica* nahezu alle Hinweise wie *synecdoche, metaphora, allegoria, periphrasis,* αὔξησις *incrementum,* ἀπὸ κοινοῦ usw. Nur wenn der Zusammenhang ohne den Fachausdruck unverständlich würde, wird er übernommen, es tritt ihm jedoch eine ungefähre englische Entsprechung an die Seite (so etwa im Kommentar zum zwölften Paragraphen, wo *dichotomia* mit *dichotomy or division* wiedergegeben ist). An anderen Stellen wird so übersetzt, daß auffällige sprachliche Formulierungen des lateinischen Textes im Englischen nicht nachgeahmt werden (dem μερισμός *passionum et actionum* des vierten Paragraphen entspricht völlig glattes *distinction of sufferings and doings*).

Diesem Vorgehen bei der Übersetzung, deren Ziel ja ganz offensichtlich darin zu sehen ist, den Text auch Lesern ohne klassische Bildung zugänglich zu machen, widerspricht auf den ersten Blick Burtons Verfahrensweise bei der Abfassung der Anmerkungen, die er Alsteds Text beigegeben hat. Hier läßt er seiner Gelehrsamkeit freien Lauf. Es werden textkritische Fragen zum griechischen Wortlaut der Apokalypse und zur englischen Übersetzung erörtert, hebräische Wörter werden mit hebräischen Buchstaben geschrieben (bemerkenswert, daß an der Stelle, wo Alsted im Text *Goiim* mit lateinischen Buchstaben schreibt, Burton גוים an den Rand setzt und auf גוי im *Lexicon Hebraicum et Chaldaicum* des Hebraisten Johannes Buxtorf verweist), zuweilen wird sogar in lateinischer Sprache argumentiert, besonders in den Fällen, wo auf Parallelen bei klassischen Autoren hingewiesen wird.

Es ist offenbar davon auszugehen, daß W.Burton sich mit seinen Anmerkungen an ein anderes Publikum als mit seiner Übersetzung wendet, welche in erster Linie Leser ohne klassische Bildung zum Zielpublikum hat. Die Anmerkungen sollen hingegen Burtons gebildeten Fachkollegen seine Gelehrsamkeit und seinen sorgfältig-kritischen Umgang mit einem anspruchsvollen wissenschaftlichen Text unter Beweis stellen.

Bemerkungen zur nachfolgenden Auswahl aus der *Diatribe de mille annis apocalypticis* von J.H.Alsted mit der englischen Übersetzung von W.Burton

Es ist nicht unproblematisch, heutigen Lesern den Text von J.H.Alsteds *Diatribe* zugänglich zu machen, auch wenn man möglichen Schwierigkeiten bei der Lektüre des lateinischen Textes durch Beigabe von W.Burtons *Beloved City* begegnet: fremd wirkt auf uns der Aufbau des Werkes, merkwürdig die Methode und zwitterhaft die Verbindung von Bibelkommentar und detaillierter Zukunftsvoraussage.

Eine Auswahl, die, wie es üblich ist, markante Passagen herausgegriffen und eventuell durch einen resümierenden Zwischentext verbunden hätte, verbot sich, weil sie den Kommentarcharakter des Werkes verwischt hätte und den falschen Eindruck erweckt hätte, man habe es mit einem angenehm zu lesenden literarischen Werk zu tun. Eine Gesamtausgabe hingegen schied angesichts der Länge - und der Längen - des Werkes ebenfalls aus.

So bot sich der Kompromiß an, ungefähr das erste Drittel der *Diatribe* ungekürzt zu publizieren und dann die Voraussage des Beginns des Millenniums im Jahre 1694 als Kernpassage des Werkes zusammen mit der textlichen Einbettung folgen zu lassen. Der lateinische Text stellt einen photographischen Nachdruck der zweiten Auflage (Frankfurt 1630) dar, die gegenüber der ersten Auflage (Frankfurt 1627) keine Textänderungen, sondern nur eine klarere typographische Gestaltung aufweist. Für die englische Übersetzung stand leider kein reproduktionsfähiges Exemplar zur Verfügung, so daß der Text (natürlich unter Bewahrung seiner orthographischen Eigenheiten) neu gesetzt werden mußte. Der lateinische Text steht auf der linken Seite dem englischen Text gegenüber; dieses Verfahren machte selbstverständlich eine neue Seitenaufteilung notwendig, wobei die englische Seite das Maß angab. Unterhalb des lateinischen Textes finden sich Hinweise auf die Seitenzahlen der zugrundeliegenden Ausgaben. Die Randnotizen der englischen Ausgabe sind, wie heute üblich, an den Fuß der Seite transponiert worden.

DIATRIBE
De
MILLE AN-
NIS APOCALYPTI-
cis, non illis Chiliaſtarum &
Phantaſtarum, ſed B B. Danie-
lis & Iohannis.
PER
IOHANNEM-HENRICVM
ALSTEDIVM.
Editio ſecunda.

PACEM REPOSCIMVS OMNES

FRANCOFVRTI,
Sumptibus CONRADI EIFRIDI.
ANNO M.DC.XXX.

THE
BELOVED CITY
OR,
THE SAINTS REIGN
ON EARTH
A THOVSAND YEARES;

Afferted, and Illuftrated from LXV. pla-
ces of *Holy Scripture* ; Befides the judgement of *Holy
Learned men* both at home and abroad : and
alfo *Reafon* it felfe.

Likewife xxxv. *Objections* againft this *Truth* are
here anfwered.

Written in *Latine* by *Ioan. Henr. Alstedius, Profeffor* of the
Univerfity at *Herborne.*

Faithfully Englifhed ; With fome occafionall Notes. And the Judgement
herein; not onely of *Tycho Brahe,* and *Carolus Gallus* ; but alfo
of fome of our owne famous *Divines.*

Si aqua ftrangulat, quid infuper bibendum eft ?
M. Antonin. Imp τῶν εἰς ἑαυτὸν, Lib. 4. Sect 17.

᾿ΕκεῖνΘ- μέν φησι, Πόλι φίλη ΚέκροπΘ ; σὺ ἢ οὐκ ἐρεῖς, Πόλι φίλη Διός ;

Could be fay of *Athens, Thou lovely City of* Cecrops ? And fhalt not thou fay of the
CHVRCH OF CHRIST, Thou ' *Lovely City of* GOD ?

LONDON,
Printed in the yeare of the laft expectation of the SAINTS,
CIƆ IƆC. XLIII.

22

To the Right Wor∫hipfull,
Sir *Iohn Cordwell* Knight,
and Alderman,Ma∫ter
of the Company of the Mercers;
Mr *Lybbe Chapman* ──────── Surveyor.
Captaine *Thomas Chambrelan*   { Wardens。
Mr *George Burri∫h*
And to the Wor∫hipfull, the A∫∫i∫tants and Communalty of the ∫ame Ancient
and flouri∫hing Society of MERCERS in the Famous City of *London.*

RIGHT WORSHIPFVL,
My ordinary employment being of late for ∫ome time interrupted, and the
u∫uall cour∫e of my ∫tudies, not ∫o much diverted, as quite ∫topt by the
late generall and mi∫erable di∫tractions of the Kingdome, and e∫pecially
of the place I live in, I bethought my ∫elve of ∫ome . meanes whereby I
might mitigate my apprehen∫ion of the mi∫eries i∫∫uing from the∫e pre∫ent
di∫tempers; When (I thinke God ∫o directing it) this Treati∫e, with ∫ome
others of the ∫ame nature, came to my hands. The *Author* is of as generall
repute among us for learning, as any late Writer we have received from
beyond the Seas the∫e many yeares: and the *Worke* is an *Explanation* of the
XX. *Chapter* of the *Revelation.* The *Subject* thereof is *The aßertion of the
Glorious Kingdome of* Chri∫t *here on earth*; a matter no doubt of great
comfort, and con∫olation to the Church of *God.* And as I am not ignorant
that *Apocalypticall Di∫cour∫es* in generall are liable to many cen∫ures,
and that this *Divine Prophecy* it ∫elfe is as yet a ∫ealed book,in ∫o much
that the great *Calvin* was forced to acknowledge, (if the reportes* wrong
him not) that he knew not what ∫o difficult and ob∫cure a Writer, as the
Author thereof, meant: ∫o I am ∫ure this part thereof hath beene ∫ubject
to mo∫t divers and contrary interpretations; that what *Hierome*** ∫aith of
the whole, may well be ∫aid of this pa∫∫age thereof: *So many words, ∫o
many my∫teries.* Yet receiving my ∫elfe much ∫atisfaction and gledne∫∫e of
mind from this *expo∫ition* thereof, I thought that *Gods* people al∫o might
reape ∫ome benefit and fruit thereby: And this is the maine cau∫e, that I
have made ịt publique. Now that I have in∫cribed it untọ Your *Names* I
have dealt but right and ju∫tly therein. For owing the fir∫t groundes and

────────────
* *Io.Bodinus method.Hist.cap.7.*
** Epi∫t. ad Paulinum. *Quot habet verba, tot Sacramenta.*

foundation of my studies to Your large bounty and benevolence, I muſt acknowledge the firſt fruites thereof communicated abroad (and indeed I ever intended them ſo, whatſoever they had been) to be Yours by a due claime and challenge of them. The Perſians (in whoſe Schooles *gratitude* was taught, as *Letters* and *Arts* in ours, whoſe *Laws** puniſhed the contrary almoſt as deepe as wee doe *Homicide*,) had an Order in their *Colledges***, which were for the education of them whoſe ſervice was appointed for the *King*, that after their greateſt promotions, and abilities in publick attendance, they were to acknowledge all as received from the *Claßes* of their firſt inſtitution. My naturall propenſion to thankfulneſſe makes me confeſſe I owe all that I am in good letters (I beſt know how little that is) to the foundation I laid thereof in Your excellent Seminary of learning, and to your extraordinary favour, and encouragement to good ſtudies and endeavours. I pray *God* lead You alwaies along by the hand in all Your affaires and occaſions.

I am

Your yery reſpectfull ſervant to be commanded,

William Burton.

---

* *Diritate exuperant latae contra ingratos leges.* Amm.Marcell. lib.23.
Περσικὸς νόμος δίκας εἰσπράττεται ἀχαριστίας. Themist.Orat.3.
** Xenophon Κύρου παιδείας, α´.

CHRISTIANO LECTORI, S. D.

TRia suut opus ei, qvi velit vaticinia à Spiritu S. edita explicare. Ac primò qvidem reqviritur lumen & gratia Spiritus S. Nam qvia prophetia proficiscitur à Spiritu S. necessum est vt ab eodem explicetur. Deinde pia & solers vaticiniorum lectio & collatio inter sese multum prodest hanc ad rem. Denique impletio vaticinii, atqve adeo experientia, est veluti clavis, qvâ reseratur prophetia. Vnde scitum illud Irenæi lib. 4. c. 43. Omnis prophetia, priusqvam impleatur, ænigma est. Qvando autem impleta fuerit, manifestam habet expositionem & intelligentiam. Tria ista cùm in omnibus vaticiniis sacris, tam in Apocalypsi divinâ, & nominatim in hac eius particulâ, qvam pro virili nunc illustramus, hodierno die, ubi ad lucem evangelii accedit magna multarum rerum divinitus prædicta catastrophe, coniungi possunt, nisi fortè præconcepta opinio aliqvem fascinet. Vela itaque in nomine Dei pandamus, & solitudinem Germaniæ piâ nostrâ meditatione solemur.

❧ ? o ? ❧

Lat.: p.2-3
Engl.: p.1

To the Chriſtian Reader.

There are three things neceſſary for him, who takes upon him to ex- pound Prophecies *publiſhed by the* Holy Ghoſt. *And firſt, truely the light and Grace of the holy Spirit is requiſite. For ſeeing that* Prophecie *pro- ceedeth from the holy Spirit, It is neceſſary that by the ſame alſo it ſhould be expounded. Next, A pious and diligent reading of Prophecies, and conferring them one with another, much avayleth   hereunto. Laſtly, the fulfilling of any Prophecie, and an experience in a manner thereof, is as it were the Key, with which it is unlockt, and opened. Wherefore that ſaying of* Irenaeus* *is true:* Every Prophecy before it is fulfill'd is a Riddle. But when it is fulfill'd, it hath a plain expoſition, and under- ſtanding of it ſelf. Theſe three things, as in all holy Prophecies, ſo in the Divine* Revelation, *may be joyned together, and namely in this piece thereof, which now according to my Ability I am about to Illuſtrate, and at this day too, Wherein to the light of the Goſpel   there is added a great* Cataſtrophe, *or* Iſſue, *of many things foretold by God himſelf; ex- cept indeed any one happily chance to be bewitched with a prejudicate opinion. Let us ſet ſail therefore in the Name of God, and comfort the deſolation of* Germany *with this pious meditation.*

---

* *Lib.* 4 *cap.* 43. Omnis Prophetia priuſquam impleatur aenigma est. Quan- do impleta fuerit, manifeſtam habet expoſitionem & intelligentiam.

I.
PROLEGOMENA
DE
Authore & subiecto huius capitis, ejusque connexione cum antecedentibus & seqventibus capitibus.

I.
De Auctore huius capitis.

Vthor princeps hujus capitis est idem, qvi totius libri: videl. IESVS CHRISTVS, qvi, tanqvam œconomus salutis nostræ, accepit hanc Apocalypsin à DEo Patre, illamque per angelum suum misit Iohanni Evangelistæ. *Apoc. 1. v. 1.* Itaqve author princeps est DEI Spiritus: *administer* est partim angelus, partim Iohannes, qvi *cap: 1. v. 1. & 4.* nomen suum absolutè & in genere ponit, sed paulò pòst *vers. 9.* velut digito intenso generalitatem istam restringit. Ego Io-

hannes: *frater vester, & socius, in afflictione & regno, & tolerantiâ qvæ est in Iesu Christo. Eram in Insulâ, qvæ vocatur Patmos.* H storia, qvam describit *Eusebius lib. 3. cap. 16.* docet Iohannem Evangelistam & Apostolum in Patmon Insulam relegatum fuisse à Domitiano. Ex his efficitur, Iohannem Evangelistam & Apostolum fuisse DEI amanuensem in hâc prophetiâ consignandâ; & proinde *authoritatem* hujus libri, adeóqve & illius capitis, qvod explicare instituimus, esse divinam. Qvare meritò Apocalypsin istam maximi æstimamus, tanqvam partem Scripturæ, qvæ DEUM habet authorem. Inprimis autem hoc nomine nobis commendata esse debet hæc prophetia, qvòd vltimam divinam voluntatis revelationé contineat, post qvam nulla deinceps prophetia expectanda sit: qvodqve valde utilis sit liber iste hoc seculo, qvo viva praxis rerum hactenus abstrusarum obversatur ante oculos nostros.

Lat.: p.10–11
Engl.: p.3–4

P R O L E G O M E N A,
or
T H E   P R E F A C E,
concerning

The *Author*, and *Subject* of this Chapter, and the *Connexion* thereof, with the foregoing, and following Chapters.

§ 1. *Of the* Author *of this Chapter.*

The Principall Author of this Chapter is the ſame, who is Author of the whole Book, namely *Jeſus Chriſt*; who, as a faithfull Steward of our Salvation, received this Revelation from God the Father, and ſent the ſame by his Angel to *John* the Evangeliſt, *Revel.*1.1. Wherefore the *Principall Author* is the *Spirit* of God; the Miniſter or Meſſenger partly the *Angel*, partly *John*, who *Chap.*1.1 and 4. ſetteth down his name in generall; but a little after in the ninth Verſe, reſtraining that generality, He doth as it were with his finger point at it. *I* John, *your brother, and companion in the affliction, and Kingdom, and patience* which is in Jeſus Chriſt, *was in the Iſland, which is called* Patmos. The hiſtory which *Euſebius* relates, tells us, That *John* the Evangeliſt, and Apoſtle, was baniſhed into the Iſland of *Patmos* by *Domitian.* Whence it is collected, that *John* the Evangeliſt, and Apoſtle, was Gods Pen-man in the delivery of this Prophecy; and hence, That the Authority of this Book, and ſo of this Chapter, which we intend to expound, is *Divine.* Wherefore deſervdly, we moſt highly eſteem of this *Revelation*, as a part of Scripture, which hath God for it's *Author.* But eſpecially this Prophecy ought in this reſpect to be welcome to us, becauſe it contains the laſt Divine Revelation of Gods will; after which, no Prophecy following is to be expected; and becauſe this Book is very profitable in this Age, in which the lively performance of things hitherto abſtruſe and concealed, is preſented before our eyes.

*Alsted follows that Greek Copy which admits ἐν the prepoſition, otherwise than our *Engliſh* renders it. *Eccleſ.Hiſtor.lib.3 cap.16.*

2.

De ſubiecto huius capitis.

Oc caput diſſerit de ſin-
gulari felicitate Eccleſiæ
tum militantis,tum triũ-
phantis. Singularis felicitas
Eccleſia militantis circum-
ſcribitur tribus partibus:videl. ſeçu-
ritate ab hoſtili incurſu impiorum per
mille annos; reſurrectione martyrum
ante univerſalem reſurrectionem: &
miraculoſa liberatione piorum à perſecutione impiorum vltimâ, qvæ cõ-
tinget poſt mille iſtos annos. Felicitas
Eccleſia triumphantis hîc deſcribitur
qvantum ad initium triumphi in judicio ultimo:Hæc ut evidentiora fiant,
ab ovo repetam ſtatum Eccleſiæ in his
terris, & breviter aliquid dicam de
ſtatu ejuſdem in cœlo. Status Eccleſia in
his terris alius eſt ante lapſum primi hominis; & is totus eſt legalis:alius poſt lapſũ;
& is totus eſt evangelicus. Rurſum
ſtatusEccleſiæ poſt lapſum eſt alius internus & perpetuus, alius externus &
temporalis. Status Eccleſia internus & perpetuus conſiſtit in unione & commu-
nione cum Chriſto, adeoque in illu-

minatione & gubernatione Spiritus.
Eſa. 54.5. Hoſ. 2.15.19.20. Ioh.6.56. 1.
Cor. 5.17.Eph. 5.30.1.Cor.10. 7. 2. Cor.
11. 2.Eph.3.6.Gal.3. 28. Col. 3.15. Hinc
eſt, qvod Eccleſia eſt una, ſancta,&
invicta. Status Eccleſia externus & temporalis eſt tum crucis, ſeu perſecutionis,
tum lucis, ſeu refocillationis: Qvæ
qvidem duo Eccleſia in his terris experitur alternis, ſive per vices, tum in
V. tum in N. T.idéqve ſecundùm magis & minus. Nam Adam & Eva poſt
lapſum triſtiſſimum fuerunt erecti
dulciſſimâ Evangelii promiſſione, &
poſtqvam genuerunt Cainum, Abelem,& ipſorum ſorores, his Eccleſiæ
incunabulis& rudimentis fuerunt ex-
hilarati.Sed gaudium iſtud excepit lu-
ctus non mediocris,qvando Cain fra-
trem ſuum Abelem è medio ſuſtulit.
Verùm hæc ruina fuit ſarcita in Setho,
cujus poſteri Eccleſiam propagarunt,
qvanqvam non ſine gravi Cainitarum
perſecutione: cui finem impoſuit di-
luvium anno mundi 1656.Iude Eccleſia fuit propagata uſqve ad an. 1757.
abſque notabili perſecutione, qvam
iſto tempore peperit extructio turris
Babel,& inde orta diviſio lingvarum.

Lat.: p.12-14
Engl.: p.4-5

§ 2. *Of the* Subject *of this Chapter.*

This Chapter diſcourſeth of the ſingular happineſſe of the Church, both under it's *Warfare*, and *Triumph*. The ſingular happineſſe of the Church, during it's warfare, or being *militant*, is ſet down in three reſpects; 1. In its ſecurity from the hoſtile incurſions of the wicked for a 1000 yeers. 2. In the reſurrection of the *Martyrs* before the generall reſurrection. 3. In the wonderfull deliverance of the godly, from the last perſecution of the wicked, which ſhall happen after thoſe *thouſand* yeers. The happineſſe of the Church *Triumphant,* is here deſcribed ſo farre forth, as the beginning of its Triumph in the laſt *Judgement*. That theſe things may be made more plain, I will from the very beginning, make a repetition of the ſtate of the Church here upon earth; and I will ſay ſomething briefly, concerning the State and condition thereof in *Heaven*. The State of the Church hereupon earth, was either that *before the fall* of the firſt man, and that was wholly *Legall*; or that *after the fall*, and this is wholly *Evangelicall*. Again, The State of the Church after the fall is, either *Internall*, and perpetuall; or *Externall*, and temporall. The State of the Church *Internall* and perpetuall, conſiſts in the Union and Communion with Chriſt, as alſo in the enlightning, and guidance of the *Spirit*, *Iſa*.54.5. *Hoſ*.2.15,19,20. *Joh*.6.56. *1 Cor*.6.17. *Eph*.5.30. *1 Cor*.50.17. *2 Cor*.11. 2. *Eph*.3.6. *Gal*.3.28. *Col*.3.15. Hence it is, that the Church is one, Holy, and Invincible. The *Externall*, or temporal State of the Church, is as well under the *Croſſe* and Perſecution; as *Light* and *Comfort,* or refreſhing: which two changes the Church undergoes here on earth by turns, as well under the *Old Testament*, as the *New,* and that either more, or lesse. For *Adam,* and *Eve*, after their moſt grievous fall, were raiſed up again by the moſt ſweet promiſe of the Goſpel; and after they had begot *Cain* and *Abel*, and their Siſters, they were comforted with this Infancy, as it were, and firſt foundation of the Church. But no ſmall grief followed hard upon this joy, when as *Cain* ſlew his brother *Abel*. However this breach was made up again in *Seth*, whoſe poſterity propagated the Church, although not without grievous perſecution by the race of *Cain*, which had an end put unto it by the deluge in the yeer of the world, 1656. From whence the Church was enlarged to the yeer 1757, without any notable perſecution, which at that time the building of the Tower of *Babel* brought, and hence sprung the diviſion of Languages. In the yeer of the world 2023,

Anno mundi 2023. *Ecclefia fuit redacta ad Abrahami posteritatem.* Atqve hîc incipiunt anni 430. incolatus Israelitarum in Ægypto. Ubi *Abraham,* Isaac, Iacob & Iofeph multiplicem rerum adverfarum & fecundarum viciffitudinem funt experti: *posteri autem ipforum post* mortem Iofephi horrendâ fervitute fuerunt exerciti, inde ab anno M. 2360. ufqve ad an. M. 2453 qvo Ifraelitæ *fuerunt educti ex Ægypto.* Inde ufqve ad an. 2493. *in deferto* varia D E I beneficia & judicia funt experti. Poftqvam verò *introducti funt in terrâ Canaan,* quod factum est an. M. 2493. primis fex annis Iofua feliciter debellavit Cananæos, devictis regibus X X X I. *Post mortem Iofua,* ufqve ad an. M. 2879. Ifraelitæ variis fervitutibus & perfecutionibus fuerunt vexati, & ab iifdê per varios judices, nominatim Deboram, Gideonem, Samfonem, & Samuelem liberati. *Conftitutâ iam politiâ regiâ* tempore Saulis, five anno M. 2879. Ecclefia ftatim ab initio perfecutionem fenfit ab ipfo Saule. Deinceps variam experta fuit fortem. Nominatim fub Davide & Salomone val-

de floruit: fub Roboamo magnam cladem est perpeffa, decem tribubus deficientibus ad Ieroboamum. Qvâ occafione triftiffimum regni fchifma contigit: Ecclefiâ paulatim degenerante in regno Ifrael, cujus tribus X. fub Hofeâ, anno M. 3228. in graviffimam & adhuc durantem captivitatê abducuntur, in Colchos, Iberos, &c. Ecclefiam in regno Iudâ qvod attinet varias illa deformationis & reformationis, calamitatum & victoriarum vices fuit experta ufqve ad an. M. 3350. qvo cœpit *captivitas Babylonica* L X X. annorum. Anno 3419. *Cyrus captivitatem iftam folvit,* factâ Iudæis copia redeundi in Patriam, ibiqve autonomiam, qvantum ad regionem & religionem, ftabiliendi. Verum enimuero *priuilegium iftud autonomiæ multis modis fuit interpellatum,* ufqve ad an. M. 3527. hoc est, per annos 107. Inde ufqve an. M. 3781. *Ecclefia Iudæorum fub Perfis habuit gratiffima halcyonia,* itemqúe *fub Alexandro M. fub pofteris* autem Alexandri, inprimis *fub regibus Syriæ,* non vno modo fuit afflicta, donec anno M. 3783. & deinceps *Macabæi,* feliciter pugnarunt pro aris & focis. Ab anno

Lat.:   p.14-16
Engl.: p.5-6

the Church was contracted into the Po*s*terity of *Abraham* only; And here begin the four hundred an thirty yeers, dwelling of the *I*s*raelites in Egypt*;
where *Abraham, I*s*aac, Jacob,* and *Jo*s*eph,* underwent manifold changes both
of pro*s*perity, and affliction. And their po*s*terity after the death of *Jo-*
*s*eph* was detained under a mo*s*t horrid *s*lavery, from the yeer of the world,
2360, even to yeer 2453, in which the *I*s*raelites* were brought out of
Egypt. From which time to the yeer 2493, they had experience of divers
ble*ss*ings and judgements of God in the Wilderne*ss*e. Now after they were
brought into the Land of *Canaan,* which happened in the yeer of the world
2493. *Jo*s*ua* with very good *s*ucce*ss*e, for the *s*ix fir*s*t yeers conquered the
Canaanites, vanqui*s*hing one and thirty Kings. After the death of *Jo*s*uah*,
to the yeer of the world 2879, the *I*s*raelites* were vexed with divers *s*la-
veries, and per*s*ecutions, and re*s*cued from the *s*ame by *s*everal Judges, namely *Deborah, Gedeon, Sam*s*on,* and *Samuel.* And now the Kingly power being
e*s*tabli*s*hed in the dayes of *Saul,* or yeer 2879, the Church pre*s*ently in
the very beginning thereof, *s*uffered per*s*ecution from *Saul* himself. After
that it underwent divers chances and changes; namely, under *David* and *So-*
lomon it exceedingly flouri*s*hed; under *Rehoboam* it *s*uffered a great lo*ss*e,
ten Tribes falling of to *Jeroboam.* By occa*s*ion whereof, a mo*s*t *s*ad rent of
the Kingdom happened, the Church by little and little degenerating in *I*s*-*
rael, who*s*e ten Tribes under *Ho*s*hea* in the yeer of the world, 3228, were
led away into a mo*s*t grievous, and yet continuing captivity, as farre as
the *Colchi, Iberi, &c.* As for the Church remaining in the Kingdom of *Juda,*
it had *s*everall entercour*s*es of deformation, as well as reformation, of
calamities, as well as victories, unto the yeer 3350, in which began the
Babylonian captivity, continuing LXX yeers. In the yeer 3419, *Cyrus* re-
lea*s*ed this captivity giving the *Jews* free leave to return into their
Country, and to e*s*tabli*s*h their own Laws, and Religion, as farre as their
own Country did reach. But not with*s*tanding this Priviledge of using their
own Laws, was many wayes interrupted until the yeer 3527, that is, for
107 yeers. From which time to the yeer 3781, the Church of the *Jews* en-
joyed happy, and *Halcyonian* dayes under the *Per*s*ians*; and in like manner
under *Alexander the Great.* But under the *Succe*ss*ors* of *Alexander,* e*s*pe-
cially the Kings of *Syria,* they were divers wayes afflicted, untill in the
yeer of the world 3783, and *s*o downward; the *Maccabees* fought with happy
succe*ss*e for their Religion and po*ss*e*ss*ions. From the yeer 3887 *Judaea* was

3887. Iudæa *à Romanis & Parthis* fuit de vaſtata & preſſa non uno modo, ita ut ſtatus ipſius admodum fuerit turbatus. Veniamus nunc ad *ſtatum Eccleſiæ* N. T. Illum partimur in quatuor periodos, *Prima periodus* eſt Eccleſiæ Iudæorum piorum in Iudæâ, inde à Iohanne Baptiſtâ vſqve ad Concilium Hieroſolymitanum, id eſt, ab anno M. 3948. vſque ad an. Chriſti 50.

Hoc toto tempore Chriſtus eſt natus, baptiſmus inſtitutus, Iohannes trucidatus, Apoſtoli XII. & LXX. diſcipuli à Chriſto vocati, Chriſtus paſſus, Spiritus ſanctus ſuper Apoſtolos effuſus, Apoſtoli ob liberam doctrinæ prædicationem flagellati, &c. *Secunda periodus* eſt Eccleſiæ per totum ferè orbem diſſeminatæ, & complectitur vocationem ſive converſionem plerarumqve gentium, inde ab anno Chriſti 51. uſqve ad initium mille annorū. Hæc periodus habet qvatuor articulos. I. *ſub Impp. Romanis ethnicis uſqve ad Conſtantinum Magnum:* vbi Eccleſia fuit propagata ſub variis perſecutionibus, in qvibus excellunt decem, inde ab

anno Chriſti 64. uſqve ad an. Chriſti 323. II. *ſub Imperatoribus Chriſtianis,* à Conſtantino Magno uſqve ad Phocam: ubi Eccleſia variis privilegiis fuit ornata à Conſtantino Magno, & aliis piis principibus: verû ita, ut immanes qvcqve ſenſerit perſecutiones ab Arianis, à Iuliano, à Perſis, Vandalis, Gothis, &c. uſqve ad an. Chriſti 606. III. *ſub Pontificibus Romanis, poteſtatem ſuam longè latéq̃ propagantibus:* inde ab anno Chriſti 606. uſq; ad an. 1617. ſive à Bonifacio III. uſqve ad Leonem X. Toto hoc tempore Eccleſia fuit miſerrimè preſſa, & tantùm non oppreſſa, partim à Saracenis & Turcis in Oriente, partim à Pontif. Rom. in Occidente. IV. *ſub Pontif. Rom. inclinationem ſui regni ſentiẽtibus:* inde ab an. Chr. 1617. uſq; ad initium mille annorum. Qvale fuerit, & adhuc ſit, Eccleſiæ fatum, ab an. Chriſti 1617. uſq; ad hunc currentem 1626. partim ex hiſtoriis, partim ex qvotidianâ experientiâ notum eſt. Qvale ſit futurum, ab hoc, qvo iſta ſcribimus, anno, uſqve ad initium 1000. annorum, in ſpecie definire nó poſſumus. In genere autem hoc ſci-

Lat.: p. 16–18
Engl.: p. 6–7

laid waſt, and ſeverall wayes oppreſſed by the *Romans*, and *Parthians*, ſo that the whole State thereof was exceedingly troubled.

Let us now come to the eſtate of the Church of the *New Testament*, which we will devide into *four* periods. The *firſt* period is of the Church of the godly *Jews* in *Judea*, from the time of *John* the *Baptiſt*, to the *Councell of Jerusalem*; that is, from the yeer of the world 3948 to the fiftieth yeer of *Chriſt*.

In all which ſpace of time, *Chriſt* was born, *Baptiſm* inſtituted, John put to death, the twelve *Apostles*, and LXX *Diſciples* called by *Chriſt*; *Chriſt* himſelf ſuffered, the *Holy Ghoſt* was powred out upon the *Apostles*; the *Apostles* were whipped for their bold preaching of the Doctrine of *Chriſt*, &c.

The ſecond period is, of the Church ſpread over the whole world, and contains the calling and converſion of moſt nations, from the 51.year of *Chriſt*, to the beginning of the *thousſand yeers*. And this period hath *four* branches.

I. Under the *Heathen Roman Emperours*, till *Constantine* the *Great's* time, wherein the Church was propagated under divers Perſecutions, of which, tenne were more notable, from the 64. yeer of Chriſt, to the 323.

II. Under *Christian Emperours*, from *Constantine* the *Great*, to *Phocas*; in which time, it was adorned with divers priviledges by *Constantine* the *Great*, and other godly Princes: yet ſo, That notwithſtanding it felt great perſecutions by the *Arians*, by *Julian*, by the *Perſians*, *Vandals*, *Gothes*, &c. to the yeer of *Chriſt*, 606.

III. Under the *Popes* of *Rome*, while they extended their power farre and wide, from the yeer of *Chriſt* 606, to the yeer 1517, that is, from *Boni-face* the *third* to *Leo* the *tenth*. In all which time the *Church* was moſt miſerably preſſed, and only not quite oppreſſed, partly by the *Sarazens* and *Turks* in the *Eaſt*, partly by the *Popes* of *Rome* in the *Weſt*.

IV. Under the *Popes* of *Rome*, now perceiving an inclination and decay of their Kingdom, from the yeer of *Chriſt* 1517, to the beginning of the *thouſand* yeers. What the condition of the *Church* hath been, and now is, ſince the yeer 1517, to this preſent, is known unto us partly from Hiſtories, partly from our own notice, and remembrance. What it ſhall be hereafter, from the time wherein we write this, to the beginning of the 1000 yeers, we cannot in particular determine. But this we know in generall, That the

mus, Ecclefiam perfecutione illâ,qvá nunc temporis experitur, côflandam, purgandam, & dealbandam effe, ut hac ratione paulatim,præparetur ad magnam reformationem,qvam adferet apocha noftra millenarij.*Tertia per iodus* Ecclefiæ N.T.eft inde ab initio mille annoru ufq; ad finem illorum. Côplectetur autem Ecclefia ifta tum martyres refurrecturos, tum gentes nondum converfas,tum Judæos; &libera erit à perfecutionibus. Qvæ qvatuor qvia in dubium vocantur, probanda funt pluribus. Et primò qvidem qvod attinet ad refurrectionem martyrum, illa ὀφϑαλμοφανῶς demonftratur ex Apoc.20.*v.*4.Deinde *converfionem gentiũ, qvæ nondum funt vocatæ ad Ecclefiam,* graphicé depingit Apoftolus *Rom.* 11. 25. ubi difertè docet, *plenitudinem gentium* effe congregãdam ad Ecclefiam. Qvibus verbis docet, nullam ex gentibus five ethnicis nationem fore, qvæ non colligenda fit in gremiũ Ecclefiæ. Huc etiam fpectat,qvod *Gen.*48.*v.*19. dicitur,femen Ephraiim fore *magnam plenitudinem gentium.* Neq; enim hoc in-

telligi poteft de numerosâ Ephraimi prole: vtpote qvâ tribus Juda præpollebat. Et vox *Goiim* ethnicis ,ppria eft. Itaqve hic fenfus fuerit: Ex Ephraimo defcendent innumeræ gentes, qvæ fuo tempore confluent ad evangeliũ. Porrò Chriftus *Luc.* 21.24. docet *implenda effe tempora gentium.* Sic *Gen.* 17.*v.* 4.5. Deus promittit Abrahamo,ipfum Patrem futurum multitudinis gentium: & *Gen.*18.18. in eo benedicendas effe omnes gentes terræ. His adde *Pfal.*22.28. *Matth.*24.14.*& Apoc.*12. *v.*5. Si qvis excipiat, converfionem gentium factam effe paulò poft primũ Chrifti adventum; fciendum eft, tum temporis non omnes gentes effe vocatas. Itaque duplex ftatuenda eft côverfio, feu vocatio gentium, prima videl. & fecunda. Illa facta eft tempore Apoftolorum&fuccefforum:hæc nôdum facta eft, fed fiet demum paulò ante converfionem Iudæorum.Unde hæ duæ côverfiones côjunguntur. *Efa.* 11.12.*Zach.*11.*v.*10.*&feqq.*Vide hanc in fententiã inter alios *Iuftum Heurnium de*

Lat.: p.18-20
Engl. p.7-8

Church is to be purged, purified, and clean∫ed, by this per∫ecution, which at this day is ∫uffered; That by this means it may be by little and little prepared for the great *Reformation*, which the *Epocha*, or *Account* of tho∫e *thou∫and yeers* ∫hall bring.

The *third* Period of the *Church* of the *New Testament*, is from the beginning of the *thou∫and yeers*, to the end thereof. And it ∫hall contain, as well the *Martyrs* that ∫hall then ri∫e, as the *Nations* not yet *converted*, and the *Jews*; and it ∫hall be *free from per∫ecutions*. Which *four* things, becau∫e they are called into que∫tion, are the more at large to be proved. And fir∫t of all, for the *Re∫urrection of the Martyrs*, The truth thereof is demon∫trated* to the eye, in a manner out of the 20 of the *Revelation*, the 5. ver∫e.

Then for the *Conver∫ion of the Gentiles*, which are not yet called into the Church, the *Apostle* de∫cribeth it mo∫t lively, *Rom.*11.25. where he plainly teacheth us, That the *fulne∫∫e of the Gentiles* is to be gathered to the Church. Hitherto al∫o appertaineth that which we read *Gen.*48.19. that the *∫eed of* Ephraim *∫hall become a multitude of Nations*. For it cannot be interpreted of the numerous off-Spring, of *Ephraim*; for therein the Tribe of *Judah* e∫pecially excelled. And the word *Gojim*** is mo∫t properly meant by *Heathens*. Therefore this is the meaning, *Out of* Ephraim *∫hall de∫cend innumerable Nations, which in their time ∫hall flow in plentifully to the Go∫pel*. Moreover, Chri∫t Luk.21.24. teacheth us that *the times of the Gentiles ∫hall be fulfilled*. So *Gen.*17.4,5. God promi∫eth *Abraham, that he ∫hould become a father of a multitude of Nations*; and *Gen.*18.18. *that in him all the Nations of the Earth ∫hould be ble∫∫ed.*To these places you may adde, *P∫al.*22.28. *Matth.*24.14. and *Revel.*12.5. If any one ∫hould object, that the *Conver∫ion* of the *Gentiles* was a little after the fir∫t coming of *Chri∫t*; He mu∫t know that at that time all nations were not called. Therefore we mu∫t under∫tand a double *Conver∫ion* or calling of the *Gentiles*, a *former*, and a *latter*. The *former* was in the times of the *Apostles*, and their Succe∫∫ors. This *latter* hath not been as yet, but it ∫hall be at length, a little before the Conver∫ion of the *Jews*. So that the∫e *two Conver∫ions* are joyned together, *I∫ai.*11.12. *Zach.*2,10 &c. For the maintaining of this opinion ∫ee among others, *Justus Heurnius De Lega-*

* ὀφθαλμοφανῶς.
** גוים *Vide Ioannem Buxtorf. in* גוי.

legatione Evangelica ad Indos *capeſſenda:* &
Keplerum de Stellâ nouâ Serpentarii, vbi
fol. 106. ſcribit, omnes hodiernas inter Chriſtianos uſitatas contentiones,
cultuſqve differentiam eò vergere, ut
ex mutuâ ruinâ, occaſio ſit conuer-
tendorum hinc Indorum, inde Iudæorum & Turcarum. Sed jam videamus *de converſione* Iudæorum. Illa pro-
mittitur *Gen.* 49. *v.* 18. 19. *Num.* 23. *v.* 23.
Deu. 30. *v.* 3. 6. 8. *c.* 32. à *verſ.* 19. *ad* 43.
Eſa. 11. *v.* 11. 12. *c.* 43. *v.* 5. & *ſeqq. ca.* 45.
v. 22. 25. *c.* 59. *v.* 20. 21. *Ier.* 16. *v.* 14. *ca.*
23. *v.* 3. 4. *c.* 31. *verſ.* 31. 32. 33. 34. *Ezech.*
36. *v.* 26. & *ſeqq.* Hoſ. 1. *v. ult. ca.* 3. *v.* 4. 5.
Mich. 2. *v.* 12. *c.* 4. *v.* 6. & *ſeqq. cap.* 5. *v.* 5. 6.
7. *Zephan.* 3. *v.* 11. 12. 13. 19. 20. *Amos. ult.*
v. 14. & *ſeqq. Zach.* 11. *v.* 16. *Roman.* 11.
v. 25. 26. 27. 2. *Corinth.* 3. *v.* 16. *Matth.*
23. *v. ult. Luc.* 21. *v.* 24. Explicationem
horum locorum vide infrà in qvæſtionibus, & paſſim apud *Iohannem*
Ferum in explicatione Gen. c. 21. 27. & 38.
Seraphinum Firmianum enarrat. Apocal. ca.
14. *Remalcum de* Vaulx *in Harpocrate di-*
vino fol. 339. *Martinum Cellarium tra-*
ctatu de operibus D E I, *Cœlium Secundum*
Curionem de amplitudine beati regni D E I
lib. 1. *Petrum Cunæum lib.* 1. *de repub. Iu-*
dæorum c. 18. *Iuſtum Heurnium de legatione*
Evangelicâ ad Indos *c.* 4. *authorem tracta-*

tus, Ohnvorgreiffliche betrachtung von
den leꜩten Merckzeichen der Welt En-
de/ *c. vlt. Iohannem Dobricium in Chrono-*
menytore, Chriſtophorum Beſoldum in Pen-
tade deniqve theologos veteres & recentes ſu-
per cap. 11. *epiſt. ad Rom.* His addi poſſunt
duæ iſtæ rationes. Iudæi vagátur hinc
inde per totum orbem, diſperſi, pala-
bundi, cœli & ſoli ſui extorres. D E V S
itaqve proculdubio illos reſervat ad
opus aliqvod magnum & admiran-
dum. 2. Chriſtus ortus eſt ex Judæis,
& qvoq; illis eſt promiſſus ſæpiſſimè
ac magnificentiſſimè. Itaqve non eſt
credibile, illos hunc Meſſiam non a-
gnituros aliqvando. Neqve eſt, qvod
objicias, tempore Chriſti & Apoſto-
lorum Judæos eſſe converſos. Hæ ſi-
qvidem ſunt primitiæ Judæorum. Et
hæc converſio eſt partialis. Videris
hâc de re *Iuſtum Heurnium d. l.* qvi admodum accuratè hoc argumentum
exeqvitur, & exiſtimat, eum ordinem
futurum in recóciliatione Judæorum:
ut primùm decem tribus ab Aſſyriis
abductæ, conuertantur: qvibus deinceps tribus Juda & Benjamin ſeſe ad-
jungant. Itidem conjectat, Judæorum
reliqvias conuerſas, & cum ethnico-
rum Eccleſia unitas, inſultibus adver-
ſariorum D E I reſtituros, & Antichri-
ſtum oppugnaturos. Ego tamé exiſti-

tione Evangelicâ ad Indos capeſſandâ, and *Kepler De Stellâ novâ Serpentarii,* where *fol.*206 he writs, That all the contentions which are at this day among *Christians,* and the difference of their worſhips, tends to this, That from their mutuall deſtroying one another, an occaſion may ariſe, on one ſide of converting the *Indians,* on another of converting the *Jews,* and *Turks.* Now let us enter into conſideration of the *converſion* of the *Jews.*

The promiſes thereof, are *Gen.*49.18,19. *Num.*23.23. *Deut.*30.3,6,8. and *chap.*32. from the 19. to the 43. *Iſai.*11.11,12. and *chap.*43.5. and ſo forward, *chap.*59.20,21. *Jere.*16.14. *chap.*23.3,4. *vhap.*31.31,32,33,34. *Ezech.* 36.26. and forward, *Hoſ.*1.11. *chap.*3.4,5. *Mich.*2.12. *chap.*4.6. and forward, *chap.*5.5,6,7. *Zeph.*3.11,12,13,19,20. *Amos* 9.14,15. *Zach.*11.16. *Rom.* 11.25,26,27. *2 Cor.*3.16. *Matth.*23.39. *Luk.*21.24. The explications of which places, look for in the following questions, and almoſt every where in the author cited in the *Margine**. And to them adde theſe *two reaſons*; 1. The *Jews* wander to and fro through the whole world diſperſed, scattered, and baniſhed from their own ayr and ſoil. God therefore without doubt reſerveth them for ſome great, and admirable work. 2. *Chriſt* being born of the *Jews,* he is promiſed unto them with very many and moſt glorious promiſes. Therefore it is not to be beleeved, that they ſhould not at ſome time or other acknowledge him as the *Meſſias.* Neither can you object that the *Jews* were converted in the time of *Chriſt,* and the *Apoſtles.* For they were but the firſt fruits of the *Jews.* And that *Converſion* was but in part onely. See concerning this Argument *Justus Heurnius,* in his Book before cited, who handles it moſt accurately, and is of opinion, that this order ſhall happen in the *Reconciliation* of the *Jews.* That in the firſt place thoſe *ten Tribes,* which were carried away by the *Aſſyrians,* ſhall be converted, to whom afterwards the Tribes of *Judah,* and *Benjamin* ſhall joyn themſelves. In the ſame place alſo he conjectureth very probably, That the converted remainder of the *Jews,* united with the converted Church of the *Heathen,* ſhall reſiſt the attempts of the adverſaries of GOD, and beat down

---

* *Ioan.Ferus* explicat.in Gen.c.21.27,& 38. Seraphin.Firmian Enarrat.Apocal. cap.14. Remalc de Vaulx in Harpocrate Divino, fol.339. Martin Cellar.Tractat. de Operib.Dei Coel.Secund.Curio de Amplitud.Beati Regni Dei, lib.1. Petr.Cunaeus lib.1. de Repub.Iudaeor.18. Iust.Heurnius de Legat.Evangelica ad Indos c.4. Ioan.Dobricius in χρονομηνύτωρ, seu *Interprete Temporum.*Chriſtoph.Beſold in Pentade. Et omnes Theol.veteres & recentes super 11 cap. Epiſt ad Romanos.

marim, Judæos ex ruinâ Antichrifti occafionem fuæ côverfionis acceptu-ros. Sed hoc ad qvæftionis cardinem nihil attinet. Supereft ut demonftre-mus, Ecclefiam ex gentibus & Judæis ita colleétam, *liberatum iri à perfecutio-nibus hoftium.* Id probatur ex *Deut.* 32. *v.* 40. 41. 42. 43. *Pfal.* 96. *per totum.* Pfal. 110. *v.* 5. 6. 7. *Efa.* 11. *v.* 1. 2. 3. 4. *cap.* 2. 4. *v.* 23. *c.* 25. *v.* 1. *& feqq. ufqve ad* 13. *ca.* 26. *v.* 1. 2. 3. 4. 5. *c.* 33. *v.* 20. 21. 22. 23. 24. *c.* 34. *à v.* 1. *ad* 18. *c.* 49. *v.* 24. 25. 26. *cap.* 54. *v.* 14. 15. 16. 17. *c.* 59. *v.* 16. 17. 18. 19. 20. 21. *c.* 63. *v.* 1. 2. 3. 4. 5. 6. *Dan.* 12. *vol.* 1. *Ioel.* 3. *v.* 1. 2. 9. 10. 11. 12. 13. 14. *Mich.* 4. *per totum. Zeph.* 3. *v.* 9. *ad* 20. *Zach.* 11. *v.* 10. *ad* 17. *c.* 12. *v.* 1. *ad* 9. *c.* 14. *v.* 6. *& feqq. per to-tum. Malach.* 3. *v.* 19. 20. 21. *vel c.* 4. *v.* 1. 2. 3. *Apoc.* 14. *v.* 8. 14. 15. 16. 17. 18. 19. 20. *c.* 18. *per totum. cap.* 19. *v.* 1. 2. 3. 11. *& feqq. c.* 20. His locis defcribitur liberatio Ecclefiæ N. T. à perfecutione hoftiû Evangelii per illorum deletionem: unde orietur pax ejus diuturna, illu-minatio & regeneratio major quàm

nunc eft, majeftas feu gloria, & gau-dium fincerum. Quæ hinc inde in lo-cis citatis adfperguntur & infrà in quæftionibus explicantur. Atqve hic eft futurus Ecclefiç ftatus felix per mil-le annos in hac vita: qui conftabit ex his partibus, 1. ex refurreétione mar-tyrum, & ipforum regno in his terris. 2. ex incremento Ecclefiæ feu multi-tudine per converfionem gentilium & Judæorum. 3. ex liberatione Eccle-fiæ à perfecutione hoftium per illo-rum deletionem. 4. ex pace ipfius diu-turna. 5. ex reformatione doétrinæ & vitæ. 6. ex majeftate, feu gloriâ Eccle-fiæ. 7. ex gaudio ejus fincero. Seqvi-tur nunc *qvarta periodus Ecclefiæ N. T.* in-de à fine mille annorum ufqve ad ulti-mum judicium. Toto autem ifto tem-pore ftatus Ecclefiæ erit admodum miferabilis propter bellum Gog & Magog, cui finem imponet Chriftus illuftri fuo ad judicium univerfale adventu *Apocal.* 20. *v.* 3. 7. 8. 9. 10. At-qve ita defcripfimus ftatum Eccle-

Lat.: p. 23-25
Engl.: p. 9-10

Antichriſt. Yet I ſhould rather ſuppoſe that the *Jews* ſhould entertain the ruine of *Antichriſt*, as an occaſion of their Converſion. But this nothing to the main matter and ſubſtance of the queſtion.

It remains now that I make it plain that this Church gathered together of *Jews* and *Gentiles, ſhall be freed from the perſecutions of their ene-mies.* This is proved out of *Deut.*32.40,41,42,43. *Pſal.*96. *Pſal.*110.5,6,7. *Iſai.*11.1,2,3,4. *chap.*24.23. *chap.*25. *chap.*26.1,2,3, &c. *chap.*33.20,21,22, 23,24. *chap.*34. from the 1. to the 18. verſe. *chap.*40.24,25,26. *chap.*54. 14,15,16,17. *chap.*59.16,17,18,19,20,21. *chap.*63.1,2,3,4,5,6. *Dan.*12.1. *Joel* 3.1,2,9,10,11,12,13,14. *Micah* 4. the whole Chapter. *Zeph.*3 from the 9 vers to the end. *Zach.*11,10.to the 17. *chap.*12.1. to the 9. *chap.*14.6. to the end. *Mal.*4.1,2,3. *Revel.*14.8,14,15,16,17,18,19,20. *chap.*18. quite thorow. *chap.*19.1,2,3,11. and the following *verſes. chap.*20. In theſe places is deſcribed the ſetting at *liberty* of the Church of the *New Te-ſtament* from the perſecution of the enemies of the *Goſpel,* by an utter overthrow of them, from whence ſhall ariſe it's continuall Peace, together with an enlightment and Regeneration greater then now it hath; as alſo the Majesty or glory thereof ſhall appear, joyned with an abſolute and ſincere joy. All which are here and there to be found in the places quoted,and are unfolded in the following *Queſtions.* And this is that happy condition and eſtate of the *Church,* which ſhall be in this life, and ſhall laſt for a thouſand years: And it conſisteth of theſe Parts:

1. Of the *Reſurrection of the Martyrs,* and of their Reign here upon Earth.
2. Of the *encreaſe of the Church,* and multitude thereof, through the *Con-verſion* of the *Gentiles* and *Jews.*
3. Of the ſetting of the Church at *liberty from the perſecution* of Enemies thereof, by the finall deſtruction of them.
4. Of the continuall and laſting *peace* thereof.
5. Of the *Reformation* of the ſame both in *doctrine* and *life.*
6. Of the *Majeſty,* and great *glory* thereof.
7. Of it's true and ſincere *Joy.*

The fourth *Period* of the Church of the *New Teſtament,* is from the end of the *Thouſand yeares* to the laſt Judgement. In which time the eſtate of the Church ſhall be very miſerable, by reaſon of the War of *Gog* and *Magog,* unto which Chriſt ſhall put an end by his glorious coming to the generall Judgement, *Revel.*20.3,7,8,9,10. And thus we have deſcribed the eſtate of

fiæ V. & N.T. in his terris. *Status Ecclefia in cœlis* erit perfcctæ glorificationis, perpetui triumphi, abfolutæ regenerationis, exactæ illuminationis & ineffabilis gaudii.

Atq; hæc eft plena doctrina de ftatu ecclefiæ: qvam fic adumbramus.

Affectiones iftius multiplicis ftatus ita delineamus.

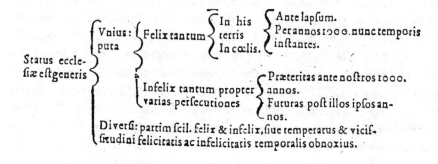

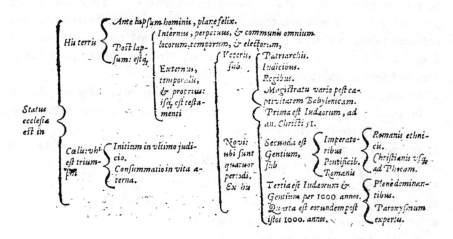

Lat.: p.25-27
Engl.: p.10-12

the old and new Te∫tament here *upon earth.*

The e∫tate of the Church *in heaven* is of perfect glory, everla∫ting triumph, ab∫olute regeneration, exact illumination, and un∫peakable joy.

And this is the full *Doctrine* concerning the *E∫tate of the Church,* which we thus ∫et forth.

The   Affections   of   this   manifold   E∫tate are thus   delineated.

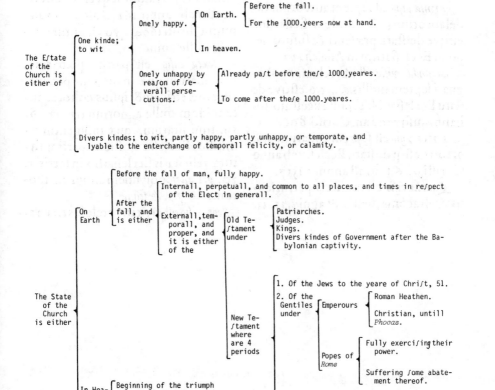

The E∫tate
of the
Church is
either of

- One kinde;
  to wit
  - Onely happy.
    - On Earth.
      - Before the fall.
      - For the 1000.yeers now at hand.
    - In heaven.
  - Onely unhappy by
    rea∫on of ∫e-
    verall perse-
    cutions.
    - Already pa∫t before the∫e 1000.yeares.
    - To come after the∫e 1000.yeares.
- Divers kindes; to wit, partly happy, partly unhappy, or temporate, and
  lyable to the encherchange of temporall felicity, or calamity.

The State
of the
Church
is either

- On
  Earth
  - Before the fall of man, fully happy.
  - After the
    fall, and
    is either
    - Internall, perpetuall, and common to all places, and times in re∫pect
      of the Elect in generall.
    - Externall,tem-
      porall, and
      proper, and
      it is either
      of the
      - Old Te-
        ∫tament
        under
        - Patriarches.
        - Judges.
        - Kings.
        - Divers kindes of Government after the Ba-
          bylonian captivity.
      - New Te-
        ∫tament
        where
        are 4
        periods
        - 1. Of the Jews to the yeare of Chri∫t, 51.
        - 2. Of the
          Gentiles
          under
          - Emperours
            - Roman Heathen.
            - Christian, untill
              Phocas.
          - Popes of
            Rome
            - Fully exerci∫ing their
              power.
            - Suffering ∫ome abate-
              ment thereof.
        - 3. Of jews and Gentiles for a 1000.yeares.
        - 4. Of the ∫ame after tho∫e 1000.yeares fini∫hed.
- In Hea-
  ven,
  where
  is the
  - Beginning of the triumph
    in the la∫t Judgement.
  - Consummation thereof in
    life Eternall.

De connexione huius capitis cum superioribus.

Ohannes in sua Apocalypsi, qvam à D E O accepit anno Christi 94. post proœmium *cap.* 1. *usqve ad v.* 9. describit septem generales visiones hoc ordine.

Prima visio est septem aureorum cãdelabrorum, & totidem stellarum; astqve de statu præsenti & futuro septem Ecclesiarum in Asia, *c.* 1. 2. 3.

Secunda visio est libri clausi & obsignati septem sigillis. *c.* 4. 5. 6. estqve de statu Ecclesiæ N.T. post excessum Johannis, usqve ad an. Christi 606.

Tertia visio est septem tubarum *c.* 8. 9. 10. 11. estqz; de statu Ecclesiæ ab anno Christi, 606. usqz; ad annum 1517.

Quarta visio est mulieris parturientis & draconis, bestiæ & agni *c.* 12. 13.

14. estqz; partim descriptio nativitatis Christi, partim recapitulatio & expositio visionis secundæ & tertiæ, adeoqz; de statu Ecclesiæ N. T. inde à Christi nativitate usqz; ad annum 1517.

Qvinta visio est septem phialarum *c.* 15. 16. è qvibus tres priores sunt effusæ inde ab anno Christi, 1517. usqve ad an. 1625. qvatuor seqventes effunduntur ab anno 1625. usqve ad annum Christi 1694. qvo videntur incipere mille anni.

Sexta visio est partim pœnarum, tum illarum quæ manebunt peculiariter meretricem & ipsius cultores ante initium mille annorum *cap.* 17. 18. 19. tum istarum, quæ infligentur omnibus Ecclesiæ hostibus partim futuræ felicitatis Ecclesiæ his in terris. *c.* 20. *v.* 1. *ad* 7. post finem annorum illorum *c.* 20. *v.* 7. *& seqq.*

Sept. visio est civitatis cœlestis *c.* 21. 22.

Lat.: p.28-29
Engl.: p.13

Of the Connexion of this Chapter with the former

JOHN in his *Revelation* which he received from *God*, in the yeare of *Chriſt* 94. after the Preface, *chap.*1 to the 9 *verſe*, deſcribes ſeven generall *Viſions* in this order.

The *firſt* Viſion is of the ſeven golden *Candleſticks*, and of ſo many *Starres*, in the 4,5,6 *chapters*. And it is concerning the preſent and future eſtate of the ſeven Churches in *Aſia*, in the 1,2,3 *chapters*.

The ſecond Viſion is of the Book ſhut up, and ſigned with ſeven Seals, in the 4,5,6 *chapters*. And it is concerning the eſtate of the Church of the new Teſtament after the departure of *John*, to the yeare of Chriſt 606.

The *third* Viſion is of the ſeven *Trumpets*, in the 8,9,10,11 *Chapters*, and it is concerning the ſtate of the Church from the year of Chriſt 606, to the year 1517.

The *fourth* Viſion is of the *woman* bringing forth a childe, and of the *Dragon*, of the *Beaſt*, and the *Lamb*, in the 12,13,14 *chapters*. And it is partly a deſcription of the Birth of *Chriſt*, partly a recapitulation and expoſition of the ſecond and *third* Viſions, and concerning the eſtate of the Church of the New Teſtament, from the Nativity of Chriſt, to the yeare 1517.

The *fifth* Viſion is of the ſeven *Vials*, in the 15 and 16 *chapters*; of which the three former are poured forth from the year of Chriſt 1517, to the year 1625. The four following ſhall be poured forth from the year 1625, to the year of Chriſt 1694, in which the 1000 years ſeem to begin.

The ſixth Viſion is partly of the *puniſhments*, as well thoſe which are peculiarly appointed for the *Whore*, and her worſhippers, before the beginning of the 1000 years, in the 17,18,19 *chapters*, as alſo thoſe which ſhall be inflicted upon all the enemies of the Church: Partly of the *future happineſſe* of the Church here upon earth, in the 20 *chapter*, from the 1 uerſe to the 7. After the end of thoſe years, *chap.*20. the 7, and following *verſes*.

The ſeventh Viſion is of the Heavenly City, *chap.*21,22.

II.
ARGVMENTVM
huius capitis.

POstqvam Evāgelista narravit, qvid evenerit primæ bestiæ & pseudoprophetæ, ipsorumq́; asseclis, *c. 19. v. 20. 21.* jā narrat, qvid evenerit ipsi draconi. Nā expugnato mysterio iniqvitatis,& inflictis primæ bestiæ & pseudoprophetæ debitis pœnis & supplicijs,descendit angelus de cœlo,q̇ magna præditus virtute cavet, ne draco, id est, Satanas, amplius per impiorum ministerium solitas turbas excitet in Ecclesia militante. Qvare cùm non

amplius permittatur illi aditus ad solitas imposturas, sed vinctus includatur abysso per mille annos,non seducuntur ab ipso gentes,donec solutus è carcere pristinas machinas admoveat Ecclesiæ. Itaqve toto illo mille annorum spatio Ecclesia fruitur pace corporali, resuscitatis martyribus, & conversis gentibus adeoqve & Judæis,ad fidem Christi. Elapsis autem mille annis solvitur Satanas, & Ecclesia graviores prioribus experitur afflictiões in bello Gogico & Magogico. Tandem detruso Satana in abyssum cum omni ejus militia,sancti cum Christo regnant in perpetuum.

Lat.: p.29-30
Engl.: p.14

II.

The Sum of this Chapter.

After that the *Evangeli/t* hath related what happened to the *fir/t Bea/t,* and the *fal/e Prophet,* and their followers, *chap.*19.*ver/e* 20,21. He tells you now what happened to the *Dragon* him/elf. For the *My/tery of Iniquity* being overthrown, and due puni/hments inflicted upon the fir/t Bea/t, and the fal/e Prophet, the *Angel* de/cends from Heaven, and being endowed with great Power, he takes order that the *Dragon,* that is, *Satan,* /hould not any more, by the mini/tery of ungodly men, /tirre up tho/e accu/tomed troubles in the Church Militant. Wherefore there being no place left him any longer for his wonted impo/tures, but bound up in the bottomle/se pit for a *thou-/and years,* the Nations are not /educed by him, untill being loo/ned out of pri/on, he again makes u/e of his old Engines and Stratagems again/t the Church. Therefore for the /pace of tho/e whole 1000 years the Church /hall enjoy outward peace, the *Martyrs* being rai/ed from the dead, and the Na-tions, together with the Jews, being converted to the Faith of Chri/t. Now after the end of the/e thou/and years, *Satan* is again let loo/e, and the Church, by rea/on of the Warre of *Gog* and *Magog,* made /en/ible of more grievous afflictions then /he had /uffered in former times. At length he being again thru/t into the bottomle/se pit, together with all his forces and power, the Saints /hall for ever reign with Chri/t.

III.

A N A L Y S I S.

I.

Analyſis philologico-theologica,
id eſt, grammatica, rhetorica,
& theologica.

T] id eſt, deinde. Καὶ ac-
cipiédum eſt tranſitivé,
hoc ſenſu: Poſtqvam vi-
di beſtiam & pſeudopro-
phetam conjici in ſta-
gnum ignis ardens ſulphure; & reliqvos occiſos rhomphęa ejus qvi eqvo
inſidebat, & omnes oves ſaturatas car-
nibus eorum: vidi ea, qvę jam ſeqvun-
tur. *Vidi.*] nempe in Spiritu, ſive men-
tis exceſſu. Côfer *Apoc.*1.*v.*10. Eſt itaq;
ſynecd, gen. *Angelum.*] Spiritum bonũ,
adminiſtrum judiciorum Dei: qvales
in ſuperioribus viſionibus fuerunt.
Non itaq; hîc intelligitur Chriſtus, vel
doctor aliquis Eccleſiæ. *Deſcenden-*
tem è cœlo.] nempe tertio, ſive beato-
rum. Syneed. gen. *Qvi habebat clavem*
abyſſi.] hoc eſt, poteſtatem acceperat à
Deo, aperiendi & claudendi infernum. Metaph, & Syneed. gen. Non
itaq; per clavem abyſſi oportet intel-
ligere lumen aliqvod internum, qvod
accendat inſignis aliqvis doctor Eccleſiæ, ut illius ope introſpiciatur Scri-

ptura, illiuſqve profunda theologia.
Et catenam magnam in manu ſu.i]Metaph.
gemina. Intelligitur autem magna
poteſtas vinciendi & conſtringendi
hoſtem. Perperam itaqve exponitur
hæc carena de ſcriptis entheis angeli
alicujus Eccleſiæ, ſive paſtoris, qvæ in-
ſtar catenæ cohæreant, cœlum & ter-
ram colligent, & corda credentium
ad Deum trahant.

2. *Et apprehendit.*] q. manu injecta.
Draconem:] immanem, virulentum, &
violentum Chriſti & Chriſtianorum
hoſtem.· Metaph. *Serpentem illum anti-*
qvum J qvi ſinuoſo & flexilóquo ora-
tionis genere mox ab origine mundi
primos noſtros parentes ſeduxit, qvi-
qve veterem cuticulam retinet. Allegoria. *Qvi eſt diabolus.*] calumniator, ſo-
phiſta, & omnium Dei, Chriſti, &
piorum angelorum & hominum bene
ac dextré dictorum & factorum ſini-
ſter interpres. *Et Satanas.*] adverſarius,
& hoſtis perpetuus Dei, Chriſti, & Eccleſiæ. *Et vinxit eum.*] Metaph. inhibé-
do ſcilicet ipſius conatum nefarium.
Mille annos.] ſolares & uſitatos.

3. *Conjecitą, eum in abyſſum.*] id eſt,
ſummâ vi cohibuit Satanæ malignita-
tem, ipſo detruſo in infernũ. Metaph.
Et clauſit eum.] id eſt Satanam. q.d. non
ſolùm compegit ipſum in carcerem,

III.

The Analyſis of the Chapter.

And] that is, After that. For Καὶ is to be taken tranſitively here in this ſenſe: After that I had ſeen the Beaſt, and the falſe Prophet thrown into the Lake burning with Brimſtone, and the reſt ſlain with the ſword of him that ſate upon the horſe, and all birds ſatisfied with the fleſh of them; I ſaw theſe things which now follow. *I ſaw]* that is, in the Spirit, or extaſie of my minde. Compare *Revel.*1.10. *An Angel]* A good Spirit,a Miniſter of the Judgement of God, ſuch as were in the former Viſions. Therefore neither Chriſt, nor any Doctor of the Church is here to be underſtood. *Coming down from Heaven]* to Wit, the third Heaven, or the Heaven of the bleſſed. *Who had the Key of the bottomleſſe pit]* that is, Who had received power from God to open and ſhut up Hell. We muſt not therefore by *the Key of the bottomleſſe pit* underſtand any inward light or knowledge kindled by ſome famous Doctor of the Church, by whoſe help the Scripture may be the more enlightned; or the profound skill in Divinity of such a one. *And a great chain in his hand]* The great power of binding and tying up the enemy is here underſtood. This *chain* therefore is falſly expounded the Divine Writings of ſome Angel, or Teacher of the Church, whoſe coherence like a chain may be such, that they may bring Heaven and Earth together,and draw the hearts of the believers up unto God.

2. *And he caught]* as if he had laid hands on him. *The Dragon]* That monſtrous, virulent, and violet enemy of Chriſt and Chriſtians. *That old Serpent]* Who by his winding and subtle kinde of Oratory in the beginning of the world, ſeduced our firſt parents, and who yet keeps his old skin. *Who is the Devill]* That Slanderer, and Sophiſter; that miſ-interpreter of all the good ſayings and deeds, as well of God and Chriſt, as holy Angels and men. *And Satan]* The adverſary, and everlaſting enemy of God, Chriſt, and the Church. *And bound him]* By hindering his wicked enterpriſes and attemps. *A thouſand yeers]* Solar, and uſuall years.

3. *And he threw him into the bottomleſſe pit]* that is, With mighty power he restrained the malignity of Satan, thruſting him down into Hell. *And ſhut* him up]* as if he ſhould ſay, He laid him not onely faſt in priſon,

---

*ἔϰλειϭον. Yet some copies have ἔδηϭεν, *he bound him.* I cannot tell whether as properly, by reaſon ἐϭφράγιϭεν followeth.

fed etiam carcerem iftum adeoqve &
Satanam eò conjectum, claufit. *Et obfi-
gnavit fupra eum.*] Figura rhetorica,
qvæ dicicur, *αὔξησις*, *incrementum.*
Qvatuor nempe funt actus angeli:
Vinxit Satanam, vinctum conjecit in
abyffum, claufit abyffum, & claufam
abyffum obfignauit. Eft etiam allegoria. *Ut ne feduceret.*] videl. partim per
idololatriam, fuperftitionem, & effi-
caciam erroris, partim ad referendum
bellum Ecclefiæ. Metaph. *Amplius.*]
Ut fecit antehac. *Gentes.*] Τὰ ἔθνη, id
eft, nationes, adeóqve Judæos & Gentes. Itaq; eft Synecd. Spec. qvia vox
hæc ἔθνη, in Scripturis propriè fignifi-
cat gentiles, prout Judæis opponuntur. Qvòd autem hoc loco amplietur
ifta vox, ita patet. Diaboli poteftas ita
conftringitur, ut neq; Judæos, neqve
Gentes ampliùs poffit feducere per
iftos mille annos. Itaq; latè accipienda eft vox ifta *Gentes.* Qvare Judæorum converfio his verbis defcribitur
implicitè. *Donec confummati effent mille*
anni:] Expleto nempe curriculo felicitatis Ecclefiæ in his terris. *Et poftea opor-*
tet eum folvi.] Elapfis namq; mille iftis
annis, diabolus jufto D e ï judicio, recuperabit poftliminio fuam poteftat-
tem, ut qvidem longè auctiorem.
Metaph. in voce *folvi. Ad exiguum tem-*

pus.] Regnum illud Satanæ non nume-
rabit mille annos, fed erit exiguri temporis..

4. *Et vidi thronos.*] Deinde vidi ad-
ornari proceffum judiciale. Metaph.
& Synecd. *Et confederunt fuper eos.*] Scil.
Chriftus, & fancti angeli.
   Et judicium datum eft eis.] Poteftas ju-
dicandi data eft divinitus tum Chrifto, tanqvam judici, tum angelis, tan-
quam adfefloribus. Confer *Matth.* 25.
v. 31. *Et animas.*] Repetendum ἀπὸ
κοινῦ verbum *vidi.* q. d. Vidi tum judices, Chriftum & angelos; tum judi-
candos, id eft, abfolvendos in hoc
judicio. Eft autem fynecdoch. ita ut
animæ ponantur pro hominibus.
Eorum, qui fecuri percuffi fuerant.] id
eft, occiforum, qvovis fupplicii genere. Synecd. fpeciei, & periphrafis
martyrū *Propter teftimonium Iefu.*] Qvo
teftati funt de Chrifto, ipfum folū effe
Jefum, id eft, unicum Salvatorem me-
rito & efficaciâ. *Et propter fermonem Dei.*]
id eft, Scripturam facram. Synecd.gen.
Qvam folam docuerunt effe regulam
fidei & vitæ. *Et qvi non adorarant beftiā.*]
Scil. fecundam, de qva c. 13. & 19. quæ:
divinos Chrifti honores fibi arroga-
rat. *Neq; imaginem ejus.*] id eft, reges &
principes illos, qvi funt imago beftiæ,
id eft, fimilitudine doctrinæ & vitæ il-
lam referunt. Confer *Apocal.* 13. *v.*

but alſo ſhut up the priſon upon him, with him in it. *And ſet a ſeal upon him*] Here are four acts of the Angel: the firſt bindes Satan,then caſt him being bound into the bottomleſſe pit, then he ſhuts up the pit, and ſets a ſeal upon it being ſhut up. *That he might not ſeduce*] to wit,Partly by Idolatry, Superſtition, and the power of lyes, partly by bringing War upon the Church. *Any more*] As he had formerly done. *The Nations*] Τὰ ἔϑνη. The *Nations*, both Jews and Gentiles. This word ἔϑνη in Scripture properly ſignifies the Gentiles as they were oppoſed to the Jews. But that in this place the ſignification of this word is extended, it doth hence appear: The power of the devill is ſo faſt bound, he can no more ſeduce either Jews or Gentiles, for the ſpace of thoſe thouſand yeers. Therefore this word is to be taken in a more large ſignification. So that the Converſion of the Jews is deſcribed alſo implicitely, in theſe words, *Till the thouſand yeers were fulfilled*] to wit, Untill the whole courſe of the Churches happineſſe here on earth were finiſhed. *And after that he muſt be looſed*] For theſe thouſand yeers being ended, the Devill by the juſt Judgement of God ſhall again recover his power, and indeed a farre greater. *For a ſhort time*] The kingdom of *Satan* ſhall not fulfill a thouſand years, but ſhall remain onely for a ſmall time.

4. *And I ſaw Thrones*] Then I ſaw a Judiciall Proceſſe prepared. *And they ſate upon them*] that is, Chriſt and his holy Angels. *And Jugdement was given unto them*] The power of Judgement was given by God as well to Chriſt, as to the chief Judge, as to the Angels, as it were his *Aſſeſſors*. Compare *Mat.*25.31. *And the ſouls*] I ſaw as well the Judges, Chriſt and his Angels, as alſo them that were to be judged, that is, to be abſolved or or freed in this Judgement. And in this place *ſouls* are put for *men*. *Of them that were beheaded*] that is, Of them that were ſlain by any kinde of torment: And it is a deſcription of the *Martyrs*. *For the teſtimony of Jeſus*] Whereby they witneſſed concerning Chriſt, that he was only *Jeſus*, that is, The onely *Saviour* both by merit and efficacy. *And for the word of God*] that is, the holy Scripture, which they had learned to be the only rule both of faith and life. *And which had not worſhipped the Beaſt*] that is, The *Second Beaſt*, of which mention is in the 13 and 19 *chapters*; which had arrogated to it ſelf the divine Honours of Chriſt. *Nor his Image*] that is, Thoſe Kings and Princes which are the Image of the Beaſt; that is,which repreſent the Beaſt in their likeneſſe of doctrine and life. Compare *Revel.*

14. *Et non acceperant characterem ejus in fronte sua.*] Per characterem intelligitur nota characteristica, sive tessera: qvam in fronte dicuntur gestare, qvi publicè profitentur, se esse addictos huic vel illi domino. *Et in manu suâ.*] id est, actionibus, & ritibus. His itaqve verbis continetur tacita antithesis, qva martyres opponuntur mancipijs bestiæ, de qvibus prædicatur *suprà cap.*13. *à v.*14. *ad*15. qvòd adoraverint imaginem bestiæ, & acceperint characterem ejus in manu sua dextra, aut in frontibus suis Ex his manifestum est, martyres hîc describi per μεϱισμόν passionum & actionum suarum. *Et vixerunt.*] id est, revixerunt: ut colligere est ex antithesi *v.* 5. Reliqvi verò mortui *non revixerunt.* Ita supra *c.* 2. *v.* 8. de Christo dicitur, *Qvi* fuit mortuus, & ἔζησε, pro ἀνέζησε, *vixit* pro *revixit.* Hic itaq; describitur præmium singulare, qvod acceperunt martyres pro passionibus & actionibus suis eximiis. A*tqve regnarunt.*] Constituti scil. rectores Ecclesiæ in his terris gratissima halcyonia consecutæ. *Cum Christo.*] Qvi toto hoc tempore regnabit in cœlo visibiliter, in his terris invisibiliter, visibili regno resignato martyribus. *Per mille istos annos.*] de qvibus vers. præced. Nam mille annos Satanæ ligati, & regni sanctorum martyrum cum Christo, esse eosdem, non diversos, articulus τὰ χίλια ἔτη, qvater repetitus, videl. vers. 3. 4. 5. 7. satis indicat: & terminus idem in solutione Satanæ statutus omninò evincit. Contortum itaqve est, qvòd qvidam annos mille vers. 4. *&* 6. accipiunt tropicè per synecd. de æternitate: reliqvos vers. 3. 5. 7. secundùm literam.

5. *Reliqui verò, mortuorum.*] Tum piorum, tum impiorum. *Non revixerunt*] id est, non facti fuerunt participes felicitatis & prærogativæ illius, qvâ fidelium qvorundam multitudo resurget ante universalem & ultimam resurrectionem, & cum Christo regnabit his in terris. *Donec consummati essent mille isti anni.*] Nam illis elapsis non longè post veniet Christus ad ju-

Lat.: p.36-38
Engl.: p.16-17

13. *v.14.* *And had not received his mark in their foreheads.*] By *mark* in this place is to be underſtood ſome characteriſticall note, or diſtinguiſhing ſigne or token, which they are ſaid to bear in their foreheads, who publikely profeſſe themſelves to be addicted to ſuch or ſuch a maſter, or leader. *Or in their hands*] that is, In their actions, Rites, and Ceremonies. In theſe words, therefore is contained a concealed *antitheſis* or oppoſition, whereby the *Martyrs* are declared contrary to the ſlaves and ſervants of the *Beaſt*; concerning whom there is former mention, *chap.13.v.* 14,15,16. that they worſhipped the image of the Beaſt, and received his mark on their right hand, or on their foreheads. From which words it is manifeſt that the *Martyrs* are here deſcribed by the diſtinction of their ſufferings and doings. *And they lived*] that is, *lived again,* as may be gathered from the fifth verſe, *But the reſt of the dead lived not again.* So formerly, *Revel.2.8. Who was dead,* καὶ ἔζησε, for ἀνέζησε, *and is alive,* for, *hath lived again.* Here then is deſcribed the ſingular reward, which the Martyrs have received for their ſufferings, and extraordinary performances. *And reigned*] As being appointed here on earth Governours of the Church, having now gained it's moſt welcome *Halcyonia,* or dayes of calmneſſe. *With Chriſt*] Who all this while ſhall raign viſibly in heaven, inviſibly upon earth, his viſible Kingdom being reſigned to the Martyrs. *For thoſe thouſand yeers*] Of which in the former verſe. For that the thouſand yeers of Satans binding, and of the Kingdom of the holy Martyrs with Chriſt, are the ſame, and not diſtinct, or divers, the Article, τὰ χίλια ἔτη, four times repeated in the 3,4,5,6,7 *verſes,* doth ſufficiently declare, and the term of time appointed for the looſing of Satan doth fully evince. It is a forced Interpretation therefore that ſome do make, taking the thouſand yeers in the 4 and 6 verſes *tropically* by a *Synecdoche* for Eternity; in the other verſes, namely, 3,5,7, according to the letter.

But the reſt of the dead] As well the godly, as the ungodly. *Lived not again**] that is, Were not made partakers of that happineſſe and prerogative, whereby a number of ſome of the faithfull ſhall riſe before the Univerſall and laſt Reſurrection, and ſhall reign with Chriſt here upon earth. *Vntill thoſe thouſand years ſhall be finiſhed*] For they being ended, Chriſt not long after ſhall come to Judgement, which both the living

---

* οὐκ ἀνέζησαν. But ſome Copies have the simple ἔζησαν, as in the foregoing verſe.

dicium, qvod manebit vivos & mortuos. *Hæc eſt reſurrectio illa prima.*]
Qvâ nempe corpora martyrum reſurgent initio mille iſtorum annorum. Non itaqve hîc oportet intelli-
gere reſurrectionem Spiritualem, qvâ
reſurgitur è ſomno & morte peccati:
Nam illa reſurrectio eſt communis o-
mnium bonorum, & fit qvotidie.
Qvare ſic habendum eſt de reſurrectione, cujus meminit Scriptura.

6. *Beatus.*] ſcil. Speciali beatitudi-
ne, qvæ eſt propria martyrum. Synecd. *Et ſanctus.*] id eſt, à DEO ex ſingu-
lari gratiâ ad prærogativam ſpecialis
illius beatitudinis ſegregatus. Synecd.
gen. *qvi habet partem in reſurrectione illâ*

and the dead mu∫t expect. *That is that* fir∫t Re∫urrection*] In which the Bodies of the Martyrs ∫hall ri∫e, in the beginning of tho∫e thou∫and years. We mu∫t not therefore under∫tand in this place a Spirituall Re∫urrection, by which we are ∫aid to ri∫e out of the ∫leep, and death of ∫inne: For that Re-∫urrection is common unto all good men, and happeneth daily. Wherefore thus we think concerning the Word *Re∫urrection*, when we finde it mentioned in Scripture.

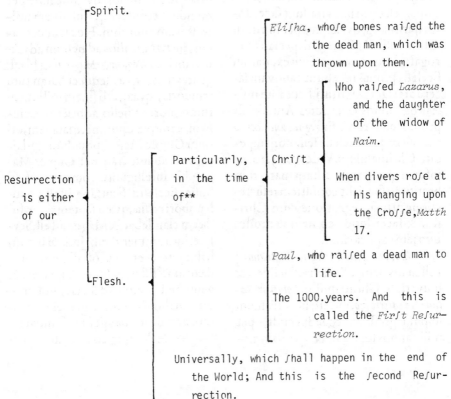

Spirit.

Resurrection is either of our

Particularly, in the time of**

Eli∫ha, who∫e bones rai∫ed the the dead man, which was thrown upon them.

Who rai∫ed *Lazarus*, and the daughter of the widow of *Naim*.

Chri∫t

When divers ro∫e at his hanging upon the Cro∫∫e,*Matth* 17.

Paul, who rai∫ed a dead man to life.

The 1000.years. And this is called the *Fir∫t Re∫ur-rection*.

Flesh.

Universally, which ∫hall happen in the end of the World; And this is the ∫econd Re∫ur-rection.

6. *Ble∫∫ed*] With a ∫peciall ble∫∫ing, and proper onely to the Martyrs. *And holy*] That is, Out of ∫ingular favour ∫et apart by God for the privi-ledge of this peculiar ble∫∫ing. *Who hath part in that fir∫t Re∫urrection*.]

---

* For the article ἡ, being doubled, ought to be pre∫∫ed more, then we see it is in our Engli∫h Tran∫lation.
** Read 2 King.17.22. 2 King.4.35. 2 King.13.21. Matth.9.25. Luk.7.15. Iohn 11.44. Matth.27.52. 28.6. Act.9.41. 20.9.

primâ.] id eſt, qvi erit in numero martyrum, qvi reſurgent in reſurrectione
primâ. *In hoc enim mors ſecunda non
habet poteſtatem.*] Mors ſecunda eſt
abjectio damnatorum in cruciatus æ-
ternos. Confer *verſ.* 14. Alias dicitur,
mors æterna. *Sed erunt ſacerdotes Dei &
Chriſti.*] Nam communi ratione, qvâ
omnes electi in hac vita ſunt ſacerdotes ſpirituales, qvi ſeipſos per ſpiritum
Chriſti offerût Deo: ſed ſpeciali præ-
rogativâ, qvâ martyres illi excitati, in
Eccleſia primas tenebunt tanqvam ſacerdotes Dei & Chriſti, ſicut ante mille iſtos annos ſacerdotes Antichriſti
primas tenuérunt. *Et regnabunt cum eo
mille annos.*] In ecicleſia ſcil. non impe-
dito Chriſtianiſmo. Vide *Apoc.* 5. 10. &
infra in qvæſtionibus. Itaq; martyrum
beatitudo ſpecialis conſiſtit in reſurrectione primâ, regnatione cum Chriſto, & ſacerdotio, eo nempe modo,
qvo jam explicavimus.

7. *Et cum expleti fuerint mille iſti anni.*]
Felicitatis nempe Eccleſiæ, ſeu liberi &
univerſalis Chriſtianiſmi. *Soluetur Satanas, è carcere ſuo.*] id eſt, licentiâ ſuam
impunè graſſandi & ſeducendi, per
mille annos ſopitam, & qvodammo-

do ſepultam, recuperabit, permittente
angelo, penes qvem ſitum eſt Satanam
ligare & ſolvere ex nutu & juſſu Dei.
8. *Et exibit.*] Scil. ex carcere ſuo,
ſeu ex cuſtodiâ ſuâ, de qvâ *verſ. præced.* id
eſt, ex abyſſo, ubi fuit cuſtodicus. Metaph. *Vt ſeducat gentes in qvatuor angulis
terræ.*] id eſt, impios, qvi hinc inde per
mundum erunt reliqvi ſub finem mille iſtorum annorum. Hos ſeducet Satan, incitando illos ad bellum adver-
ſus ſanctos. *Gogum & Magogum.*] Id eſt,
gentes illas, qvas ſeducet Satan tum
temporis, qvæq; ſub finem mille iſtorum annorum bello adoriétur eccleſiam, eamqve opprimere ſatagent, uti
olim Gog & Magog populum Judai-
cum vexabant. Itaq; per Gog & Magog hîc intelliguntur omnes profeſſi
hoſtes Eccleſiæ, ſicut Gog, id eſt, popu-
li minoris Aſiæ, qvæ à ſeptentrione Ju-
dæam claudebat; & Magog, id eſt, Scy-
thæ, loca ad meridiem Judææ ſita in-
habitantes, erant profeſſi hoſtes Judæorum. Eſt itaq; ſyneed. ſpeciei: &
genus reſtringitur ad ſpeciē, hoc modo: Diabolus ſeducet gentes in qvatuor angulis terræ; gentes, inqvam,
Gogico & Magogico præditos inge-

Who ſhall be in the number of the Martyrs, who ſhall riſe in this firſt Reſurrection. *On him the ſecond death ſhall have no power.*] The ſecond
death is the caſting away of the damned to eternell torments. Compare the
14. verſe with this. Otherwiſe it is called *Eternall death. But they ſhall
be Prieſts of God and Chriſt.*] Not in that common reſpect, whereby all the
elect in this life are ſpirituall Prieſts, who by the Spirit of Chriſt of-
fer themſelves up unto God: But by a ſpeciall prerogative, whereby,the Martyrs being raiſed from the dead, ſhall obtain chief power in the Church, as
it were Prieſts of God and *Chriſt. And they ſhall raign with him for a
thouſand years.*] In the Church, the profeſſion of Chriſtianity being no way
hindred. See *Revel.5.10.* and the *Queſtions* following. Therefore the peculiar happineſſe of the Martyrs conſiſteht in the firſt Reſurrection in
in their reign with Chriſt, in their Prieſthood; in the ſame manner as we
have deſcribed it.

7. *And when thoſe thouſand years ſhall be finiſhed.*] To wit, of the happineſſe of the Church, and of a free and univerſall profeſſion of *Christia-
nity.* Satan *ſhall be looſed out of his priſon.*] That is, he ſhall recover
his power and liberty to attempt and ſeduce without reſtraint, which power
had lain aſleep, as it were, and been buryed for the thouſand years, the
Angel now giving him leave, in whoſe hands it was, according to the
pleaſure and command of God, to binde and looſe *Satan.*

8. *And he ſhall go forth.*] That is, out of his priſon, or place of his
cuſtody, whereof in the foregoing verſe; namely, Out of the bottomeleſſe
pit, where he was detained. *That he may ſeduce the Nations in the four
corners of the earth.*] That is, Wicked men, who ſhall heer and there remain in the World at the end of the *thouſand* years. Theſe Satan ſhall ſeduce, urging them to make warre againſt the Saints, Gog *and* Magog.] That
is, thoſe Nations which at that time Satan ſhall ſeduce, and which at the
end of thoſe 1000. yeares ſhall by warre make an attempt againſt the
Church, and ſhall endeavour to deſtroy it, as in old time *Gog* and *Magog*
vexed the people of the *Jews.* Therefore by *Gog* and *Magog* are heer to be
underſtood all the profeſſed enemies of the Church; aven as *Gog,* that is,
the people of the *Leſſer Aſia,* which environed *Judea* on the North; and *Magog,* that is, the *Scythians,* which inhabited places ſituated on the South
of *Judea,* were the profeſſed enemies of the *Jews.* Thus then we muſt underſtand it: The Devill ſhall ſeduce the Nations in the four corners of the

nio. Vide apud *Ezechielem* c.38. & 39. Sed inqvis, quomodo fieri poteft, ut impii per iftos mille annos refumant vires:Refp.Hoc fiet jufto DE 1 judicio: qvo non folùm magnus Antichriftus reflorefcet, fed etiam pagani, barbari, & hujus farinæ monftra fument incrementum. *Vt congreget eos in prælium.*]Adverfus univerfalem Chriftianifmum, ut illo eliminato fubftituant Antichriftianifmum, barbarifmum, Scythifmum, &c. *Qvorum numerus erit ficut arena maris.*]Ita ut fit exercitus inftructiffimus, cui qvidem fimilis nunqvam fuerit. His nempe copiis confifus Satanas fperabit, fe Ecclefiam abforpturum.

9. *Et afcenderunt fuper latitudinem terræ.*] Tantus exercitus conflabitur, ut teriç nulla pars ab illo futura fit vacua. Sternetur militibus omne folum. Hi afcendent, id eft, fummâ vi & openi tentur. Alluditur hîc ad typum Gog & Magog, qvi oppugnaturi Hierofolymam, in monte fitam, necefle habe-

bant afcendere. Eft itaq; metaphora. *Et obfidione cinxerunt.*] Adhuc alluditur ad typum. Nam Ecclefia tum temporis circum circa claudetur agminibus hoftium, vt olim Judæa hinc inde à Gog & Magog, populis illis feris & barbaris, claudebatur. *Caftra fanctorū.*] id eft, ubi ubi erant veri milites Chrifti, in ftatione fua militantes. *Et urbem dileEtam.*] id eft, Ecclefiam totam, qvæ eft una urbs per totum mundum tum temporis diffufa. Allegoria.*Et defcendit ignis à Deo è cœlo, & devorauit eos.*]Tale quid nempe continget, quale *Gen.* 19. legimus de Sodoma & Gomorrha. Itaqve ut primus mundus diluvio aqvç perijt: ita Gog & Magog in fine feculi peribunt diluvio ignis.

10. *Et diabolus feducens eos conjeEtus eft.*]Aliter nempe, qvàm verf.3. Hic enim ita conjicitur, ut non ampliùs fit folvendus. *In ftagnum illud ignis & fulphuris.*]Defcriptio inferni. *Vbi erat beftia.*]id eft, prior illa, qvæ defcribitur *Apoc.*16.*v.*13.Diftinguitur .n. à pfeudo-

Lat.: p.42-43
Engl.: p.20-21

Earth; the Nations, I say, which are endued with a ſpirit like that of *Gog* and *Magog*. Read the 38. and 39. *chapters* of *Ezekiel*. But you will ſay; How can it be that thoſe wicked men ſhould reaſſume their power after theſe thouſand years? I answer; This ſhall be brought to paſſe by the just judgement of God, whereby not only the great *Antichriſt* ſhall flouriſh again, but alſo *Pagan*, and barbarous people, and other monſters of the ſame batch ſhall gain encreaſe. *And ſhall gather them together to battle.*] Againſt the profeſſion of *Chriſt* in generall, that is being quite as it were thruſt out of the world, they may ſubſtitute in the room thereof *Antichriſtianiſme*, *Barbariſme*, and unbelief. *Whoſe number ſhall be at the Sand of the Sea.*] So that it ſhall be a moſt compleatly furniſhed army, whoſe like hath never been heretofore.And Satan, being confident in the ſtrength of theſe forces, ſhall hope thereby to ſwallow up the Church.

9. *And they went up on the breadth of the Earth.*] So great an army ſhall be gathered together, that no part of the earth ſhall be free from it. All the ground ſhall be covered with Souldiers. They ſhall *come up*, that is, they ſhall rely upon much force and ayde. And here is an alluſion to *Gog* and *Magog* the Type, who being to beſiege *Jeruſalem*, which was placed upon a hill, were of neceſſity to aſcend. *And they encompaſſed* it.*] The alluſion to the type ſtill holds: For the Church at that time ſhall be encompaſſed on every ſide with enemies, as in old time *Judea* was encompaſſed by *Gog* and *Magog*, thoſe fierce and barbarous people. *The campe of the Saints.*] That is, Whereſoever the true ſouldiers of Chriſt were, making warre in their own ſtations. *And the beloved City.*] The whole Church, which is one City at that time ſcattered through the whole world. *And fire came down from God out of heaven, and devoured them.*] Some ſuch thing verily ſhall happen, as we read of *Gen.*19. concerning *Sodom* and *Gomorrha*. And as the firſt world periſhed with the deluge of water: ſo *Gog* and *Magog* ſhall periſh in the end of the world by the deſtruction of fire.

10. *And the Devill that deceived them was caſt.*] Otherwiſe than in the third verſe, for here he is ſo caſt, that he ſhall not be looſed again thence for ever. *Into the lake of fire, and brimſtone.*] This is a deſcription of Hell. *Where the beaſt was.*] That is, The former Beaſt, which is deſcribed in the 16.*chapter*, *v.*13. For that beaſt is diſtinguiſhed from the *falſe Prophet*, who is the ſame with the latter beaſt. *And the falſe Pro-*

---

*ἐκύκλευσαν.

propheta, qvi eſt idem cum beſtiâ poſteriore. Eſt itaq; metaphora ſynecdochica. *Et pſeudopropheta*] id eſt, magnus Antichriſtus. Apollyon, meretrix Babylonica, ſophiſmatis ſuis ſeducens homines, & larvatam religionem ſvadens atq; perſvadens, deniq; honores & opes hujus mundi qværens, non aliter atqve pſeudopropheta V. T. ſolebant. Synecd. gen. qvâ Antichriſtus dicitur pſeudopropheta κατὰ ἐξοχήν. *Et cruciabuntur.*]Nempe tres illi: diabolus, ſive draco, & duo ipſius focij, beſtia & pſeudopropheta. *Die ac noƈe.*] Indefinéter, abſq; intermiſſione. Synecd. Spec. *In ſecula ſeculorum.*] Polyptoton, & deſcriptio æternitatis.

11. *Et vidi thronum album magnum.*] A ſyndeton. Thronus iſte eſt nubes, idem thronus *magnus* figurat judicium univerſale: idem *candidus*, eſt ſymbolum veritatis, æqvitatis, & juſtitiæ. *Et qvédam ei inſidétem.*] Chriſtum θεάνθρωπον. Ille autem ſedere conſpicitur: ut hoc ſymbolo doceamur, ipſum eſſe paratú ad jus dicendum. *A cujus conſpeƈu.*]Fulgentiſſimo & ſeveriſſimo, *Fugit terra & cœlum.*] Id eſt, ſchema hujus mundi præterijt, & conſumtum fuit ab igne, qvi præceſſit hunc judicem; & crea-

turæ, incolæ terræ atq; cœli, contremuerunt ad hujus judicis aſpeƈum. Eſt itaque ſynecd. & metonymia. *Locuſq, non eſt inventus eis.*] Præ fulgore & majeſtate ejus, qvam nulla creatura poteſt ferre, niſi mutetur in aliam conditionem. Itaq; totus mundus mutabitur in hoc judicio.

12. *Et vidi mortuos.*]Id eſt, eos, qui fuerant mortui, tunc autem excitati, adeoqve vitæ reſtituti. Synecd. *Parvos & magnos.*] Dichotomia, qvæ phyſicè, de qvantitate, & moraliter, de dignitate poteſt intelligi : qvo ſenſu Germani dicunt 𝔎𝔩𝔢𝔦𝔫 𝔲𝔫𝔡 𝔤𝔯𝔬𝔰 𝔥𝔞𝔫𝔰. Itaqve ſiſtentur omnes coram triburali Chriſti. *Stantes in conſpeƈu Dei.*] qvippe expeƈantes ſententiam definitivam. *Et libri aperti ſunt.*] Libri ſunt non ab aliis confiƈi, aut ſcripti, ſed ab unoqvoqve exarati in conſcientia, variis cogitatis, diƈis, & faƈis. Metaphora. Hi libri ita ſcripti, haƈenus in certo rationario clauſi & incogniti ſunt reſervati. At nunc aperiuntur, ut à ſingulis legi poſſint. Allegoria. *Et liber alius apertus eſt.*] Unicus nempe, à DEO ſcriptus. *Qvi eſt liber vitæ.*] Id eſt, arcanum DEI decretum de eleƈione noſtri, qvod ſolenniter ibi innoteſcet.

Lat.: p.44-46
Engl.: p.21-22

phet.] Great Antichriſt, *Apollyon,* the *Babylonian* whore, who with his ſubtle wiles ſeduceth men, perſwading and preſſing a counterfeit religion,   wholly ſeeking after the honours and riches of this world, no otherwiſe   then the falſe Prophets in the old Teſtament were wont to do. Wherefore in a ſpeciall manner *Antichriſt* is called the *falſe Prophet.*   *And ſhall be tormented.*] To wit, they three: The *Devill,* or *Dragon,* and his two companions,the *Beaſt,* and the *falſe Prophet.*   *Day and night.*] Continually, without intermiſſion. *For ever and ever.*] A deſcription of all Eternity.

   11. *And I ſaw a great white Throne.*] By this *Throne* a cloud is under-ſtood; and being termed *a great Throne,* the Univerſall judgement is figured out; and being alſo called a *white* one, Truth, Equity and Justice are there-by ſignified.   *And one ſitting thereon.*] Namely, *Chriſt,* God and Man. Now he is ſaid to be ſeen to ſit ready to paſſe judgement.   *From whoſe face.*] Being both moſt refulgent, and full of auſterity. *The Earth and Heaven fled away.*] That is, the faſhion of this world paſſed away, and was conſumed with fire, which went before this Judge; and the Creatures, the Inhabitants of earth and heaven, did all tremble at the ſight of him.   *And there was found no place for them.*] By reaſon of the reſplendency, and Majesty of the Judge, which no creature could endure, without being changed into ſome other ſtate, and condition. Therefore there ſhall be an Univerſall change of the whole world in that Judgement day.

   12. *And I ſaw the dead.*] That is, Thoſe who had been dead; but were now raiſed, and reſtored unto life.   *Small and great.*] A *Dichotomie,* or divi-ſion, naturally to be underſtood in regard of quantity; morally in regard of quality, or dignity. So that all muſt be placed before the *Tribunall* of Chriſt.   *Standing before God.*]   As expecting his definitive ſentence. *And the Books were opened.*] Books not deviſed or written by any other, then by every one in his own private conſcience, dictated according to his ſever-all thoughtsm words, and deeds. Theſe Books therefore thus written have hitherto been reſerved, ſhut up, and not taken notice of, as it were in ſome private cloſet, or place of account. But now they are opened, ſo that they may be plainly read by every particular man.   *And another book was opened.*] That onely book, written by God himſelf.   *Which is the book of Life*.*] That is, The ſecret and hidden Decree of God concerning our Election, which there ſhall in publike be exhibited, and made manifeſt. Now it is called *The book*

---

* Phil.4.3. Revel.3.5.

Dicitur autem liber vitæ: qvia in illo D ius veluti confignavit nomina eo- rum,qvi hæredes funt vitæ æternæ per ipfius gratiam.Confer Luc.10.v.20.Iu- dicatiq,funt mortui.]Latâ fententiâ defi- nitivâ,alios abfolvéte,alios côdemnâ- te.Ex iis qvæ fcripta erat in libris.]Sc. con- fciëtiarum.Aperientur autê aliter atq; aliter ifti libri confcientiarû. Nam li- bri feu confcientiæ piorum non ita a- perientur,ut ipforum peccata veniant in judicium (ita enim obfignati funt hi libri)fed ita ipfis aperientur,ut legant ibi fua peccata, multa fanè & magna, qvatenus illa tecta funt à Chrifto, & à Spiritu Chrifti per pœnitentiam & ftudiû bonorum operû magis ac ma- gis enervata. Itaq; pij in fua confcien- tia legent juftitiam Chrifti tegentem peccata fua, & ex fe patientem bona opera. Sed alia erit conditio impio- rum. Nam illi legent in confcientiis fuis peccata fua non côdonata à Chri- fto. Secundum opera ipforum.] Teftantia videlicet de fide in Chriftum, vel de impietate & infidelitate.

13. Et.] Tranfitivè pro, Deinde; poft judicis nempe fententiam jam latam & promulgatam. Reddidit ma- re mortuos qvi in ipfo fuerant.]Scilic.fub- merfi, à pifcibus devorati, &c. Et

mors.] id eft,ignis,aër,& beftiæ ter- reftres, atque volatiles, reddiderunt mortuos, qvi non fuerunt fepulti. Synecdoche catachreftica. Et infer- nus.] Id eft, fepulchrum. Synecdo- che. Continetur itaque his verbis partim periphrafis refurrectionis u- niverfalis, partim diftributio cada- verum hominum mortuorum in tres claffes: unam eorum, quæ in mari fubmerfa funt, alteram eorum, qvæ extra mare mortua funt, fed non fe- pulta, ut qvæ ab igne vel aëre in cine- res redacta funt, aut à beftiis terreftri- bus vel volatilibus devorata; tertiam eorum, qvæ in fepulchris recondita funt. Reddiderunt mortuos.]Juffu &nutu D E I. Qvi in ipfis fuerant.] Illos ipfos,& non alios: eofdem numero. Et judicati funt finguli.]Nemine excepto. Secun- dùm opera ipforum.]Ita ut nulli facta fue- rit injuria.

14. Et mors.] Et pro autem adverfa- tivè. Mors. id eft, qvidam, & qvidem plerique ex mortuis, fed non fepultis. Metonymia fubiecti & fynecdoche gen. Et infernus.] Id eft, fepulchrum. Ponitur autem fepulchrum pro fepul- tis per metonym. fubj. Rurfus intel- liguntur non omnes fepulti, fed ali- qvi,&qvidem plerique,per Synecdo-

Lat.: p.46-48
Engl.:p.22-23

of Life, becauſe therein God hath as it were ſet down the names of them, who through his grace and favour ſhall become heirs of eternall life. Compare *Luke* 10.20.   *And the dead were judged.*] A definitive ſentence paſſing upon all; acquitting ſome, and condemning others.   *Out of thoſe things which were written in the Book.*] To wit, In the books of mens conſciences. Now theſe books ſhall be opened after a ſeverall manner. For the books of the Conſciences of godly men ſhall not be ſo opened, that their ſinnes ſhall riſe up in judgement againſt them, (for in this reſpect they are ſtill ſealed up,) but they ſhall be ſo opened, that they may read indeed their ſinnes there, many and great ones, but ſo as they are covered by *Chriſt,* and the power of them more and more weakened by the Spirit of Chriſt, through repetance and the ſtudy of good works. Therefore the godly ſhall reade in their conſcience the juſtice of Chriſt covering their ſinnes, and through him bringing forth good works. But the condition of the ungodly ſhall be farre otherwiſe; For they ſhall read in their conſciences their ſinnes not pardoned by Chriſt.   *According to their works.*] Which ſhall give teſtimony either of their faith in Chriſt; or elſe of their impiety, and unbeleef.

13. *And.*] Tranſitively, for *After that;* that is, After the ſentence of the Judge now paſſed, and publiſhed.   *The ſea gave up her head that were in it.*] Being drowned, or devoured of fiſhes.   *And death.*] That is, The Fire, Aire, and Beaſt of the Earth, and Fowls yeelded up their dead, which had not been buryed.   *And Hell.*] That is, The *Grave.* In theſe words then is contained partly a deſcription of the generall Reſurrection, partly a diſtribution of the bodies of them that were dead into three ſorts; One of them that were drowned in the Sea; Another of thoſe which were not drowned in the Seam but being dead had no buriall, as being brought to aſhes either by the fire or aire, or elſe devoured by beaſts of the earth, or by flying fowls; A third ſort of thoſe who were laid in their graves.   *Gave up their dead.*] By the command and appointment of God.   *Which were in them.*]   The very ſame, and not others: the ſame in number.   *According to their works.*] So that no man ſhall have cauſe to complain of any injury done unto him.

14. *And death.*] And, for *But;* adverſatively. *Death,* that is, ſome, and indeed moſt, of the dead, but not buryed.   *And Hell.*] The Grave, which is here put for them that were buryed therein. And again, not all the buryed are here to be underſtood, but ſome, and indeed moſt.   Now by *Death* and

chen. Per mortem tamen & infernum poſſunt etiam intelligi homines morte & inferno digni. *Conjecti ſunt in illud ſtagnum ignis.*] Id eſt ,æternæ damnationi mancipati, ne qvid nobis ſit in poſterum ab his periculi & metus. *Qva eſt mors ſecunda*]id eſt, æterna. Pronomen *Qva* poteſt referri ad vocem ſtagnum, vel per ſyneſin accipi. Priori modo ſtagnū ignis eſt mors ſecunda, id eſt, ſymbolum mortis ſecundæ ſeu æternæ: poſteriori judicium damnationis executioni mandatum eſt mors æterna. Dicitur autem hæc mors ſecunda, qvia & corpus & anima damnatorum reverâ bis moritur. Nā corpus moritur, & qvando ſeparatur ab animâ, & qvando iterum conjunctum

animæ ſeparatur à DEO : anima verò moritur, & qvãdo in hâc vitâ ſe ipſam à DEO ſeparat per peccatum, & qvãdo poſt hanc vitam ſeparatur à DEO per pœnam æternam. Deniq; hæc pœna dicitur mors: qvia tollit vitam gratiæ & gloriæ, cum quâ ſi compareur vita naturæ, mors potius dicenda eſt qvàm vita.

15. *Et qvi non inventus fuerit.*] Et pro *nempe*: copulativa pro declarativâ. Inventio tribuitur DEO per ἀνθρωποπάθειαν. *In libro vitæ ſcriptus.*] Tum à priori, per DEI dilectionem & electionem: tum à poſteriori, per fidem, ſpem, & charitatem. *Conjectus eſt in illud ſtagnum ignis.*] Juſto Dei judicio, & ſuâ ipſius culpâ.

Lat. : p.48-50
Engl. : p.23-24

and *Hell* may be underſtood men deſerving both.   *Were caſt into the lake of fire.*] That is, made ſubject and ſlaves to eternall damnation; ſo that the Saints for the time to come need not ſtand in any danger or fear of them. *Which is the ſecond Death.*] Or, Eternall. This Relative *Which* may either be referred to the word *Lake*, or elſe may be taken collectively. In the former acception, the *Lake* is called the ſecond death, that is, a ſigne or Symbol the ſecond, or eternall death. In the latter, the judgement of condemnation committed to execution is called the ſecond death. Now this is called the ſecond death, becauſe the bodies and ſouls of the damned do in very deed dye twice. For the body dyeth, both when it is ſeperated from God; And the ſoul dyeth, both when in this life it ſeparateth it ſelf from God by ſinne, and when after this life it is ſeparated from God by everlaſting puniſhment. Laſtly, This puniſhment is called *Death*, becauſe it taketh away the life of grace and glory, with which if the life of nature be compared, it is rather to be called death then life.

   15. *And whoſoever was not found.*] *And*, for *For*; a *copulative* particle for a *declarative*.   *Finding* is here applyed to God by an ἀνθρωποπάθεια , or by attributing of humane actions, passions, and affections **to** the unli- mited power, and unſearchable operations of the Deity.   *Written in the book of Life.*] Both in the former book, as well through the love and elec- tion of God: as in the latter by faith, hope and charity. *Was caſt into the lake of fire.*] Through the just judgement of God, and by his own default.

64

V.

QVAESTIONES.

PRæcipuæ hujus capitis quæstiones
sunt: *An mille isti anni, qvorum ibi a-*
liqvoties sit mentio, secundum literam semper
sint intelligendi: Vtrum jam sint elapsi: in
qvo anno initium istorum mil e annorum sit
ponendum: qvid intelligendum sit per resurre-
ctionem primam: qvi nam sit intelligendi per
Gog & Magog: deniq, an martyres cum
Christo sint regnaturi; in his terris? Qvas
qvidem qvæstiones omnes revocabo
ad hanc unam: *Anfit futura aliqva fe-*
licitas Ecclesiæ in his terris ante ultimum diē;
& qualis illa sit futura? Hanc qvæstio-
né paulo prolixiús tractabo ἀνασκευα-
ςικῶς & κατασκδυαςικῶς. Primò itaqve veram sententiam certis argu-
mentorum classibus confirmabo: deinde objectiones partis adversariæ re-
futabo.

Ex variis Scripturæ dictis deducimus
varia argumenta, qvæ omnia nitentur
hoc syllogismo: Q æ divinirus prædicta sunt in V. & N T. & nondum sunt
impleta, illa certò adhuc implebun-
tur. Atqvi magna Ecclesiæ felicitas in
his terris est prædicta divinitus in V.&
N. T. sed nondum impleta. E. certò
adhuc implebitur.

Assumtionem demonstramus ex
variis Scripturæ locis, in quibus partes
futuræ felicitatis. quas paulo ante in-
dicavimus, vel singulæ, vel plures simul occurrunt.

Trigesimus octavus locus est Dan. 11.v.
44. 45. *Tandem conturbabunt eum rumores*
ab Oriente & Septentrione. Egredietur ita-
qve cum excandescentia magna, ut multos
perdat, & internecioni devoveat. Plantabit
autem tentoria cleri sui inter maria ad mon-
tem sanctum & inclytum, sed venit ad finem

Lat.: p.65-66 / p.93
Engl.: p.32-33 / p.47

V.

The Queſtions ariſing in this Chapter.

The chief *Queſtions* of this Chapter are theſe:

1. Whether theſe *thouſand yeers*, ſeverall times here mentioned, are alwayes to be underſtood literally.
2. Whether they be *already* finiſhed.
3. *What year* ought to be put for the *beginning of them.*
4. What is to be underſtood by the *firſt Reſurrection.*
5. Who are to be underſtood by *Gog* and *Magog.*
6. Whether the *Martyrs* with Chriſt ſhall reign here on Earth.

All which Queſtions I will bring into this one; *Whether there ſhall be aby happineſſe of the Church here upon earth, before the last day; and of what kinde it ſhall be?* This queſtion I will handle ſomewhat more largely, both by way of *confutation*, and *confirmation*.* I will in the firſt place therefore by certain *Claſſes*, or *ranks* of Arguments, *confirm* the truth to be maintained herein: After that I will *confute* the Objections of the adverſary part.

Out of divers *places of Scripture* we will bring ſeverall Arguments,which ſhall all have dependance upon this *Syllogiſme.*

What things ſoever are by God foretold in the *Old* and *New* Teſtament, and are not already fulfilled, ſhall of certainty be yet fulfilled.

But the great happineſſe of the Church here on earth is foretold by God in the *Old* and *New* Teſtament, but not as yet fulfilled:

Therefore, It ſhall be yet fulfilled.

The *Aſſumption*, or ſecond propoſition, we will demonſtrate out of divers places of Scripture, in which the parts of this *future happineſſe*, which a little before we have declared, do either ſeverally, or more of them together, occurre.

The 38 place is *Dan.11.44,45. But rumors out of the East, and out of the North ſhall trouble him. Therefore he ſhall go forth with great fury to deſtroy, and utterly to make away many. And he ſhall plant the Tabernacles of his Palace between the Seas in the glorious holy mountain; yet he ſhall*

---

* ἀνασκευαστικῶς, κατασκευαστικῶς.

suum, *nec ei qvisqvam opitulabitur.* Hac prophetiâ explicantur tria ista: videl-protafis illorum tumultuum, per qvos olim Judæa graviffimè est afflicta, & Europa hodie affligitur: tum epitafis illorum longè contentiofiffima: deni-qve cataftrophe horum ipforum tu-multuum nobis utiqve exoptatiffima.ʼ Qvomodo fingula fint impleta in An-tiocho, tanqvam typo Antichrifti, ad inftitutum noftrum nihil attinet. Ne-qve res hæc eft obfcura. Videamus ita-qve qvomodo competant in Anti-chriftum. Protafis eft ibi: *Tandem ru-mores côturbabunt eum ab Oriente & Septen-trione.* Rumor Orientis percrebuit an. Chrifti 1453. qvando capta eft Con-ftantinopolis: item anno 1481. qvan-

do Geduces Baffa irrupit in Italiam. Idem rumor renovatus eft, qvando Othmanidæ excifo jam Sultanorum imperio, vires fuas denuo in Europeos converterant, expugnatifq; Belgrado & Rhodo, ecclefiæ Latinæ fines cœperunt invadere. Rumorem hunc O-rientis excepit rumor Septentrionis, anno Chrifti 1517. & deinceps, Epita-fis eft ibi: *Egredietur itaqve magna cum excandefcentia, ut multos perdat & inter-necioni devoveat. Plantabit autem tentoria cleri fui inter maria ad montem fanctum & inclytum.* In harum rerum praxi ho-die plenis velis ventoqve fecundo na-vigat Antichriftus. Poftquam enim conturbatus fuit rumore Septentrio-nali, magno animo aggreffus eft om-

Lat.: p.93-95
Engl.: p.47-48

come to his end, and none ſhall help him. Theſe *three* things are unfolded in this Propheſie: 1. The *Protaſis,* or *beginning* of theſe tumults, where-with *Judea* in old time, and *Europe* at this day is moſt grievouſly affected. 2. The *Epitaſis,* or *baſic part,* ſo wondrous full of troubles and conten-tion. 3. Laſtly, the *Cataſtrophe,* or *iſſue,* of theſe tumults, ſo much de-ſired, and wiſhed for by the Church. How every one of theſe ſeverally are fulfilled in *Antiochus,* as a type of *Antichriſt,* it is nothing pertinent to our purpoſe to enquire. Neither indeed is the matter ſo obſcure, or unkown. Let us examine how they will ſuit with *Antichriſt.* The *Protaſis,* or *firſt Act,* as they ſay, is in these words: *At length rumors from the Eaſt, and from the North ſhall trouble him.* The *rumour* from the Eaſt ſounded loud in the year of Chriſt CIƆ.CCCC.LIII, when *Conſtantinople* was taken: also in the year, CIƆ.CCCC.LXXXI, when *Geduces** the *Baſſa* broke into *Italy.* The ſame rumour was renewed, when the Houſe of *Othoman,* having quite overthrown the *Sultans* power, turned his Arms the ſecond time upon *Europe*; and taking *Bel-grade*** and the Iſland *Rhodes***,* began to invade the Territories of the *Latine Church.* This rumor from the Eaſt, was followed with a rumor from the *North,* in the yeer of Chriſt CIƆ.IƆ.XVII****, and ſo forward. The *Epi-taſis,* or *baſic part,* is in theſe: *Therefore he ſhall go forth with great fury to deſtroy, and utterly to make away many. And he ſhall plant the Ta-bernacles of his Palace between the Seas in the glorious holy mountain.* At this day *Antichriſt* in the performance thereof, goes on under full Sail, wanting no favour of windes. For after he was troubled with the *rumor* out of the North, with great and high Spirit he aſſaulted all them who either

---

* *Hydruntum in Apulia inierat caeſis millibus Chriſtianorum.*

** *Belgrade* taken by *Solyman,* A.1522. It is placed by *Plinie* in the ut-moſt bounds of *Pannonia.* So called in the declining time of the Eaſterne Empire. Βελέγραδα *in Constantino Porphyrogen. de Administr.Imp.cap.*40. Of late alſo called *Alba Graeca,* but moſt anciently *Taurunum,* as appears by old Coins found there, mentioned by *Busbequius, Ep.1 Leg.Turcicae.* In *Anto-ninus* the name is corrupted in ſome Copies to *Aurinum,* in others, *Taurinum*; as it is likewiſe in *Ptolomie,* where you have Ταύρουνον, for Γαύρουνον. Plu-rima autem apud *Ptolomaeum* corrupta Urbium noſtratum nomina, item apud *An-toninum,* in Xv. quae ad Britanniam pertinent Itineribus foede luxata loca, atque peſſimē à librariis habita, reſtituta, & noſtris Annotationibus ex-plicata, publico jamdudum exhibuiſſemus, niſi dulciſſimae patriae intesti-nae turbae paratam editionem praevortiſſent. Deus malum, quod imminet, aver-runcet. γένοιτο γένοιτο.

*** *Rhodes* alſo taken by *Solyman,* An.1525. cum 400 triremibus, & 2000000 hominum.

**** Renaſcentibus bonis literis Religionis etiam παλιγγενεσία contigit CIƆ.IƆ.XVII. *Luthero* per Germaniam *Leonis X* Indulgentias impugnaſſe.

.nes illos, qvi tumorem iſtum Septen-
trionalem partim inceperunt, partim
foverunt & etiamnum fovent. Neq;
excidit ſuis auſis. Nam plurimos per-
didit & internecioni devovet. Deinde tentoria cleri ſui plantavit inter
maria ad montem ſanctum & inclytum, hoc eſt, religionem ſuam propa-
gavit inter eos populos, qvi pữram religionem diu fuerant profeſſi. Sed
bene habet, qvod cataſtrophe non re-
ſpondet epitaſi. Nam in media hac
plấtatione aliqvid ſiniſtri accudet huic
hortulano. Etenim qvia venit ad ſinem
ſuum, nemo ei opitulabitur. Nimirum ſub-
ito exorietur tempeſtas, quæ naufra-
gium adferet huic nauclero. Vide pluribus hiſtoriam Antichriſti Conradi
Graſeri.

Trigeſimus nonus locus eſt Dan. 12. v. 1.
Tempore autem illo ſtabit Michael princeps
ille maximus, qui ſtat pro popularibus tuis.
Nam erit tempus anguſtiæ, qvale non ſuit ex
quo ſuit gens, uſque ad tempus iſtud; & tempore illo eripietur populus tuus, qvicunqve in-

ventus ſuerit ſcriptus in libro. Hoc vatici-
nium interpretor de ultima perſecutione, ſive de bello Gogico, qvod im-
mediaté antecedet ultimum judiciũ.
Adducor autem duabus hiſce ratio-
nibus. 1. qvia tempus anguſtiæ dicitur
eſſe tale, quale non fuit ex qvo fuit
gens. Quæ quidem nota temporis
non poteſt competere niſi perſecutio-
ni omnium graviſſimæ: qualis erit illa
Gogica. 2. qvia verſu 2. hujus capitis,
poſt tempus illud anguſtiæ verſu 1. im-
mediaté agitur de reſurrectione & ultimo judicio.

Qva irageſimus locus eſt Dan. 2. v. 11.
12. A tempore autem, qvo ablatus ſuerit jugis cultus. & poſita abominatio deſolans,
dies erunt mille ducenti nonaginta. Beatus
qvi præſtolabitur, & perveniet ad dies mille
trecentos triginta qvinqve. Hic verba iſta,
A tempore autem, &c. ſunt accipienda
de ultimo urbis excidio per Titum:
qvia tum ablatus fuit jugis cultus, &
poſita abominatio deſolans, ut patet

Lat.: p.95-98
Engl.: p.48-49

began this rumour, or ſince favoured it, or do at this time any way cheriſh it. Neither doth he ſlack in theſe his attempts; for he hath deſtroyed, and utterly made away with many of Gods people. Moreover he hath *planted* the Tabernacles of his Palace *between the Seas in the glorious holy mountain,* that is, He hath propagated his Religion among thoſe people, who had a long time profeſſed the purity of Religion. But it is well that the *Cataſtrophe,* or *laſt act,* is not anſwerable to the *Epitaſis,* or *middle part* of the Tragedy, This brave *Planter* in the midſt of his *Plantation,* will have ſome unlucky chance befall him. For when *he ſhall come to his end, none ſhall help him.* On the ſudden a tempeſt ſhall ariſe, which ſhall bring ſhipwrack upon this bold Steers.man. But ſee more of this in *Conradus Graſerus* his *Hiſtory of Antichriſt.*

The 39. place is *Dan.*12.1. *And at that time ſhall* Michael *ſtand up, the great Prince which ſtandeth for the children of thy people, and there ſhall be a time of trouble, ſuch as never was ſince there was a Nation, even to that ſame time: and at that time thy people ſhall be delivered, every one that ſhall be found Written in the book.* I interpret this propheſie of the laſt perſecution, or the warre of *Gog* and *Magog,* which ſhall immediately go before the laſt Judgement. I am perſwaded hereto by theſe *two* Reaſons. 1. Becauſe the time of *this trouble* is ſaid to be ſuch, *as hath not been ſince there was a Nation*.* Which Note of time cannot agree with any perſecutÌon, but that which was moſt grievous; ſuch as was that of *Gog.* 2. Becauſe in the 2.*verſe* of this *Chapter,* after that time of *trouble,* verſ.1, the Reſurrection, and the laſt Judgement are immediately treated of.

The 40. place is *Dan.*12.11,12. *And from the time that the daily ſacrifice ſhall be taken away, and the abomination, that maketh deſolate,ſet up, there ſhall be a* thouſand two hundred *and* ninety *dayes. Bleſſed is he that waiteth, and commeth to the* thouſand three hundred *and* five *and* thirty *dayes.* Here theſe words; *But from the time, &c.* are to be underſtood of the laſt deſtruction of the City *Hieruſalem* by *TITUS:* becauſe then the daily ſacrifice was taken away, and the *abomination** of deſolation was ſet up, as

---

* Matth.24,21. ἀπ’ ἀρχῆς κόσμου. Mar.13,19 ἀπ’ ἀρχῆς κτίσεως ἧς ἔκτισεν ὁ θεός.

** Some refer this to the Statue of *Adrian* the Emperour placed in the *Temple,* and taken away from thence by thoſe Jews who eſcaped from the deſtruction of the City by *Veſpasian.* See *Suidas* in βδέλυγμα ἐρημώσεως, σημεῖον τῆς ἐρημώσεως. ἧσαν δὲ εἰκόνες τινὲς ἀπηγορευμέναι τῷ νόμῳ,εἰς τοῦτο, &c.

ex collatione cum *cap.9. Dan. verf.16.* 27. Deinde intelligendi funt dies pro- phetici, hoc eft, anni: qvia hi dies funt homogenei feptimanis *cap. 9.* Septi- manæ autem iftæ funt propheticæ. Er- go & hi dies. Nimirum Daniel nos ducit ad finem mundi proponendo duas periodos N.T. eafqve conneété- do cumLXX. fuis feptimanis, hoc mo- do. LXX. feptimanæ terminantur ex- cidio urbis, id eft, anno Chrifti 69. Hic incipit epocha dierũ: id eft, anno- rum 1290. Ita perveniemus ad annum Chrifti 1359. Ubi figenda eft epocha

dierum 1335. Ita ergo deducimur ad annum Chrifti 2694. qvo definent mille anni Apocalyptici : & iis exple- tis incipiet bellum Gogicum : cui finé imponet ultimum judiciũ. Vide plu- ribus in Thefauro noftro chronologi- co pagina 51. & feqq. Confer quoqve Annotationes Lucæ Ofiandri fupet Dan. 12,

Qvadragefimus primus locus eft Hof. 1. v. ult. *Et congregabuntur filii Iuda, & filii Ifrael pariter, & ponent fibi caput unum, & afcendent de terra : qvia dies magnus Izre- hel.* Hoc fanè nondum eft impletum.

Lat. : p. 97-98
Engl. : p. 49-50

appears by comparing this place with the 9.*chap.* of *Daniel, verſ.* 26, 27. Again, propheticall *dayes* are here to be underſtood, that is, *years*: Becauſe theſe *dayes* are *homogeneall,* or of the ſame *kinde* with the *weeks, chap.*9. But thoſe *weeks* are propheticall; therefore alſo theſe dayes. Now *Daniel* carries us on to the end of the world, by propoſing *two Periods,* or *limited times,* of the *New Teſtament,* and by joyning them to his ſeventy *weeks,* in this manner. The 70 weeks are terminated with the destruction of the City, that is, with the year of *Chriſt,* 69. Here begins the *Epocha,* or *account,* of 1290 *dayes,* that is, of ſo many years: So ſhall we come to the year of *Chriſt* 1359*. At which we muſt begin the *Epocha* of 1335 dayes, or years: And ſo we ſhall be brought to the year of Chriſt 2694**. in which the *Thouſand* years of the *Revelation* ſhall have end: and they being ended the warre of *Gog* and *Magog* ſhall begin, to which alſo the laſt *Judgement* ſhall put an end. See more in my *Theſaurus Chronologicus pag.*52***. Compare alſo the *Annotations* of *Lucas Osiander* on *Daniel* 12.

The 41. place is *Hoſ.*1.11. *Then ſhall the Children of* Judah, *and the children of* Iſrael *be gathered together, and appoint themſelves one head, and they ſhall come up out of the Land; for great ſhall be the day of* Jezreel. This truely is not yet brought to paſſe.

---

* A.1359. Quo tempore incipient pii contradicere impietati Antichriſtianae, quae tamen ad tempus aliquod perdurabit, verum ita, ut ſemper ſint futuri pii, qui ſe opponant voce, ſcriptis, martyriis. Et ſane uſque ab hoc anno ad hanc aetatem id egregiê, & maſculê factum eſt. Nam circa An.1359 *Petrarcha* qui obiit 1374, *Taulerus* qui ob.1379, *Wiclifus* qui ob. 1387 coeperunt in os contradicere Antichriſto Romano. *Alſted.Chronol.Tit.* 12. Sect.5.

** Subduc annos mille, relinquitur A.Ch.1694. Epocha millenarii Apocalyptici iuxta *Alſted.*

*** Perhaps the number is falſe printed. In the edit.1637.(which I use) it is *pag.*146.

JÜRGEN KLEIN

HERBORN UND ENGLAND IM SIEBZEHNTEN JAHRHUNDERT:

WISSENSCHAFTSTHEORIE - CALVINISTISCHE THEOLOGIE - REVOLUTION

ZUM MILLENIUM

I.

Die mit der Hohen Schule zu Herborn verbundene geistige Substanz darf noch heute auf energisches Interesse der historischen Disziplinen Anspruch machen. Vor allem regt diese intellektual- und wissenschaftshistorische Fragestellungen an, weil Herborn in der Intensität des wissenschaftlichen Arbeitens derart wirkte, daß die dort im 16. und 17. Jahrhundert konzipierten Vorschläge und die entsprechenden Forschungsresultate theologischer und wissenschaftlicher Provenienz bis hin nach Skandinavien und England drangen. Dort wurden diese Angebote aufgenommen, um Bedürfnisse im religiösen, wissenschaftlichen und gesellschaftlichen Bereich theoretisch zu stützen und praxeologisch zu festigen.

Unter diesen Voraussetzungen ist auch die Anglistik - vor allem als Geistes- und Kulturgeschichte Englands - aufgefordert, die Beziehung zwischen den Leistungen der Johannea zum entsprechenden Bedarf im revolutionären England des 17. Jahrhundert zu untersuchen, hat doch England eine der rigidesten durch den Calvinismus geprägten Umwälzung erlebt: den Civil War.

Mit dem Calvinismus hatte sich in Europa ein Zweig der Reformation ausgebildet, welcher im 16. und 17. Jahrhundert entscheidende Veränderungen in verschiedenen Gesellschaften wie im Weltbild hervorbrachte. Es sei an dieser Stelle kurz umrissen, welche geistige Signatur dem reformierten Bekenntnis

zukam und worin sich dessen radikale und verändernde Momente
abzeichneten.

Jean Calvin hat in seiner *Institutio Christianae Religionis* den Ausgangspunkt in seiner Theologie in die Majestät Gottes gesetzt.[1] Insofern wird in Calvins Denken Gott zur absoluten Substanz, von der aus alle Beziehungen zur geschaffenen
Welt begriffen werden müssen. Die einzige Quelle der Wahrheit
Gottes stellt für Calvin[2] die Bibel dar, welche ein neues
Gott-Mensch-Verhältnis dergestalt begründet, daß die Schrift-
autorität nicht durch menschliche Hierarchien und dogmatische
Setzungen gebrochen werden darf. Insofern bildet Calvins theologischer Ausgangspunkt die Bedingung dafür, daß alle Menschen
vor dem wahren Gott gleich sind.[3] Die Vergewisserung des göttlichen Willens im Gläubigen geschieht durch die Aufnahme des
Geistes Gottes:

> Jene,welche der Hl. Geist innerlich gelehrt hat,
> ruhen wahrlich auf der Schrift, und die Schrift ist
> in der Tat durch sich selbst bestätigt. Daher ist es
> falsch, die Schrift dem Beweise und dem Räsonnement
> zu unterwerfen. Und die Gewißheit, die sie mit uns
> verdient, erlangt sie durch das Zeugnis des Hl. Gei-
> stes.[4]

So verknüpft Calvin das Schriftprinzip mit der Rechtfertigung,
wenn er Gott zum alleinigen Normgeber und Richter erklärt. Die
göttliche Reinheit ist für Johannes Calvin Ziel alles menschlichen Strebens, insofern geht es dem Christen in seinem Verständnis darum, das natürliche Gesetz im Bezug zum göttlichen
Gesetz zu sehen. Dabei soll sich der Mensch zur Aufgabe setzen, die Erbsünde oder Trennung von Gott zu überwinden. Das
Gesetz als Abbild Gottes wird zum Vorbild des Gläubigen, so
daß wiederum d e r G e r e c h t e nach Calvin als Abbild Gottes gelten kann, dessen Bemühen es je und je ist, das
verlorene Paradies wiederzugewinnen.[5]

Aus dieser Tendenz heraus läßt sich Calvins Theologie lesen
als ein m e t h o d i s c h e s V e r f a h r e n , dessen
Ziel es ist, den Zustand der Reinheit erneut herbeizuführen.
Um willen dieses Zieles soll der Bund Gottes mit den Menschen
erneuert werden in einer spirituellen Gerechtigkeit, die nicht
Wertgerechtigkeit ist.[6] Dennoch bleibt dem reformierten Christen die Bürde eines reduzierten Gnadenbegriffs, der unter dem
Terminus "Prädestination" geläufig ist. Diese Prädestination
ist Beleg für Gottes Allmacht, diejenigen erwählt zu haben,
die ihm sein göttlicher Ratschluß vorstellt, ohne daß menschliches Bewußtsein an das Geheimnis dieser Auswahl rühren könnte, geschweige denn dürfte.[7]

Die Verachtung der Wahrheit ist für Calvin das Übel der Erbsünde, Lüge als Rebellion gegen Gott, die zum Ehrgeiz und damit zum Aufruhr führt. Diese Normverletzung erhebt den Menschen in der Hybris zum Gesetz, verleitet ihn zum Ausleben all
seiner Möglichkeiten und damit zum Überschreiten der ihm bestimmten Grenzen. Die Härte des Calvinschen Denkens liegt nun
darin, daß der Christ Gottes Allmacht völlig anheim gegeben
ist, daß er aber zugleich dem Menschen alle geistigen, materiellen und sittlichen Anstrengungen zumutet, sich schon in
diesem Leben zu reinigen.[8]

Der reformierte Protestantismus hat sich äußerer Mittel begе-
ben, um den Gnadenstand wieder zu erreichen. Es versteht sich
nahezu von selbst, daß ein solch spirituell geprägtes Bekenntnis dem menschlichen Geist innerhalb des methodischen Konzepts
der Reinigung eine hohe Aufgabe zuerkennt. Die Wiedererlan-
gung des verlorenen Paradieses fordert den Christen dazu auf,
energisch sich der Kräfte seines Glaubens u n d s e i n e s
V e r s t a n d e s zu bedienen. Theologie und Wissenschaft
werden daher schon bei Calvin nicht an eine hierarchisch or-
ganisierte Elite delegiert, sondern sie erhalten den Charakter der Allgemeinheit. Vergewisserung des Glaubens durch die

Heilige Schrift und Erkenntnis der Natur durch Wissenschaft erhalten somit die Würde zweier akzeptierter Wege zu Gott. Das heißt also: die Menschen sollen nicht klassifiziert werden in Gelehrte und Ungelehrte, sondern Glauben und Wissen gehören als solche in die Lehrsituation hinein, ein Grundsatz, der das geistige Leben in der Hohen Schule Herborns durchgreifend prägte.

In der Dualität von Prädestination und Verdammnis, die nur für den Erwählten akzeptabel sein kann, liegt Gottes Wille begründet, den man durch die Prädestinatonsfrage nicht in Zweifel ziehen darf.[9] Bis zur Offenbarung bleibt dem Menschen die Prädestination unbekannt: sein Ausweg kann also nur in der Glaubensüberzeugung bestehen. Sie ermöglicht ein christliches Leben in dem Sinne, daß der Christ in seinem Denken und Tun so verfährt, a l s o b ihm die Prädestination zuteil geworden wäre.

Dieser Als Ob-Charakter im gläubigen Bewußtsein des Calvinisten begründet die Perseveranz, die Geduld, auch im Zeichen menschlicher Schwäche von den Grundsätzen des Evangeliums nicht abzulassen.[10]

Diese Perseveranz bedeutet ein Dennoch oder eine Vorwärtsstrategie, die sich in der Max-Weber-These reflektiert, wie problematisch diese auch mittlerweile geworden sein mag. Es genügt hier, noch einmal zu betonen, daß Calvin und der Calvinismus[11] ein methodisches Leben propagierten, das zwischen den Eckpfeilern Berufung und Pflicht ein Raster aufbaute, das zwar Grenzen menschlicher Möglichkeiten akzeptierte, aber auch g e d a n k e n v o l l e und v e r a n t w o r t - l i c h e A r b e i t e n als notwendig erachtete für die Gemeinschaft der Heiligen und die Errichtung eines Tausendjährigen Reiches Christi auf Erden. Wissenschaft, Theologie, Philosophie und Didaktik wurden im reformierten Bekenntnis als Instrumente begriffen, die man zur Einrichtung des Mill-

eniums nutzen sollte. Es nimmt daher nicht Wunder, wenn gerade
diese Disziplinen in der Glanzzeit der Hohen Schule zu Herborn
eine intensive Förderung erfuhren. Die Überzeugung von der
Notwendigkeit und dem Sinn dieser wissenschaftlichen Bemühungen lag verankert im Glauben an Gottes Heilsplan[12] aber auch
in dem Bewußtsein, daß Gott dem Menschen im Verstand ein erstrangiges Werkzeug zur Überwindung der Sünde an die Hand gegeben habe:

> die Mühen des Menschengeistes (sind) nicht immer so
> fruchtlos, daß gar nichts dabei herauskommt; beson-
> ders wenn er es mehr auf das Niedere absieht. Ja, er
> ist auch nicht so starr, daß er nicht auch ein we-
> niges von den höheren Dingen begriffe, wenn auch die
> Beschäftigung damit weniger gründlich geschieht;
> freilich ist unsere Fähigkeit, die höheren Dinge zu
> erkennen, doch ungleich geringer. Denn sobald der
> Mensch einmal über den Bereich dieses irdischen Le-
> bens hinausgeht, wird ihm erst seine Unzulänglich-
> keit recht bewußt. Um besser erkennen zu können, wie
> weit der Verstand bei den einzelnen Dingen entspre-
> chend der Kraft seines Erkenntnisvermögens kommt,
> müssen wir also zweckmäßig einen Unterschied machen.
> Und dieser soll darin bestehen, daß wir uns klarma-
> chen: die Erkenntnis der i r d i s c h e n Dinge
> ist etwas anderes als die der h i m m l i s c h e n .
> Unter "irdischen" Dingen verstehe ich dabei das, was
> mit Gott, seinem Reiche, der wahren Gerechtigkeit und
> der Seligkeit des kommenden Lebens nichts zu tun
> hat, sondern nach seinem Sinn und seinen Beziehun-
> gen zum gegenwärtigen Leben gehört und sozusagen in-
> nerhalb seiner Grenzen bleibt. Unter "himmlischen"
> Dingen verstehe ich die reine Erkenntnis Gottes, den
> Weg zu der wahren Gerechtigkeit und die Geheimnisse
> des Himmelreichs. Zur ersten Gruppe gehören das
> weltliche Regiment, die Haushaltskunst, alles Hand-
> werk und die freien Künste. Zur zweiten Gruppe nehme
> ich die Erkenntnis Gottes und seines Willens und die
> Richtschnur, nach der man das Leben gemäß dieser Er-
> kenntnis gestalten kann.[13]

II. 1. Die Herborner Theologie des 16. und frühen 17. Jahrhun-
derts weist ein breites Spektrum an Leistungen auf, die im
Zusammenhang belegen, wie sehr die Hohe Schule im Zentrum des
Calvinismus in Deutschland gewesen ist, auch wenn besonders

hier Tendenzen zur Irenik aufkamen, zur Haltung, die für die
Harmonisierung konfessioneller Streitigkeiten eintrat. Die Hohe Schule hatte ihren Ausgangspunkt als Pflanzschule für das
reformierte Nassau[14], strebte aber bald über diesen engen Rahmen hinaus. Um 1570 hatte die Grafschaft Nassau-Dillenburg,
zu der um 1600 auch das Siegerland gehören sollte, die zweite
Reformation erlebt, die zum Übergang vom Luthertum zum reformierten Bekenntnis führte.[15] Johann VI. sah es daher als eine
Notwendigkeit an, die neue Lehre zu verankern durch religiöse
und wissenschaftliche Ausbildung der Pfarrer und Beamten seines Herrschaftsgebietes. - In Herborn bewegte sich die Theologie auf den Themengebieten, die auch in anderen reformierten
Kirchen an der Tagesordnung waren, etwa im Genf Calvins und
Bezas oder im von John Knox reformierten Schottland. Nicht zuletzt die millenarisch gesinnten englischen Puritaner befaßten
sich wie die vorgenannten mit der Frage der Rechtfertigung unter Voraussetzung der göttlichen Allmacht. Die reformierte
Lehre brachte ein neues Verständnis des Gott-Mensch-Verhältnisses mit sich, das in Herborn vor allem seinen Ausdruck in
der F ö d e r a l t h e o l o g i e fand.[16] Diese Föderaltheologie wirkte ihrerseits auf die Staatslehre zurück, wie
sie später von Althusius formuliert wurde. Bereits im Jahre
1585 hatte der Herborner Theologieprofessor Caspar Olevian
(Prof. in Herborn 1584-1587) in Genf ein Buch mit dem Titel
"De Substantia Foederis gratuiti inter deum et electos" publiziert. Dieses Buch behandelte den B u n d e s s c h l u ß
zwischen Gott und den erwählten Menschen wie schon der Titel
sagt. Nach Olevian dient der Bundesschluß dem Menschen zum
Frieden seines Gewissens und zur Einwirkung der Gesetze Gottes
in das menschliche Herz, ohne daß die im Leben im Gnadenbund
vereinigten von vornherein aus der Konfrontation mit dem Bösen
entlassen wären. Der Bund befreit also nicht von der Arbeit
des Menschen an sich selbst, sondern er fordert ihn geradezu
auf, sich zu vervollkommnen.

Solches Denken setzte sich in der Hohen Schule auch in die Le-
benspraxis um: "Das Leben der Schüler und Studenten in- und
außerhalb der Schulzeit stand unter strenger Aufsicht. Ein
puritanischer Geist machte den Gottesdienstbesuch Lehrern und
Schülern zur Pflicht, forderte wohlanständiges Betragen der
Zöglinge, verbot Kneipen, Waffentragen, Jagd, Nachtschwärmerei
und Ausschweifung. Faulheit im Besuch des Unterrichtes wurde
mit Strafe bedroht oder hatte den Ausschluß von der Schule zur
Folge. Kein Wunder, wenn Eltern gerne ihre Söhne einer solchen
Schule anvertrauten."[17]

Beim Aufbau der Hohen Schule im Jahre 1584 war man vom Vorbild
der in Genf von Calvin gegründeten reformierten Akademie gefolgt.[18] Zudem läßt sich als Nebengesichtspunkt geltend machen, daß die neue Anstalt als Gegeneinrichtung zu den überall
in Europa hervorsprießenden Jesuitenkollegien begriffen wurde.[19] Es sollte hier nicht unerwähnt bleiben, daß die Hohe
Schule in den Jahren 1594 - 1600 und von 1606 - 1609 nach Siegen verlegt wurde. Für die erste Siegener Phase war das Aus-
brechen der Pest in Herborn im Jahre 1594 der Grund, während
bei der zweiten Verlegung es sich eher um die hochschulpoli-
tische Entscheidung handelte, an zwei Orten im Lande über eine
akademische Ausbildungsstätte zu verfügen.[20]

Die in Herborn geübte strenge Hochschulzucht ist als Folge der
strikten Theologie zu erklären. Für Olevian wird der Bund zwischen Gott und Mensch allein im Gnadenakt möglich, da die Menschen Gott alles schulden, Gott ihnen aber nichts.[21] Die Aus-
erwählten werden durch die Heilige Schrift zu Gott und zum
Bunde mit ihm geführt, so daß eine Harmonie zwischen Gott und
der äußeren Welt (Natur) eine innere Entsprechung bekommt in
der Harmonie zwischen den Erwählten und Gott.[22] Beide Abbild-
verhältnisse machen die U n i o n zwischen Gott und seiner
Schöpfung aus.[23] Schon aus diesem Ansatz wird der reformierte
Gedanke deutlich, daß die "Erwählten" die Aufgabe zuerteilt

bekommen, ihren Lebenszusammenhang als Heiligung zu fassen, also ihre Gemeinschaft zu gründen als Abwehr negativer Folgelasten des Sündenfalls.

Mit einer außerdordentlichen Sprachgewalt hat wenige Jahre nach Olevian der Herborner Pfarrer und Theologe Wilhelm Zepper (1550 - 1607) in seinem "Bericht von den Dreyen Hauptpuncten welche zwischen den Evangelischen Kirchen und Lehrern ... fürnehmlich im streit stehen" (1593) die Gemeinschaft der Heiligen dargestellt.[24]

Für die Bestimmung des Geists in der Theologie, wie er in Herborn herrschte, sind in erster Linie zwei Persönlichkeiten zu nennen: der Herborner Professor Matthias Martinius sowie die zentrale Gestalt des Johannes Piscator (Professor in Herborn 1587 bis 1625). Matthias Martinius (1572 - 1630) wurde nach seinem Weggang aus Herborn im Jahre 1610 Rektor des Bremer Gymnasium illustre. Unter ihm haben sowohl Johann Heinrich Alsted wie Jan Amos Comenius studiert. - In seiner Theologie hat Martinius Olevians Auffassung, derzufolge das Heil auf das Individuum zu beziehen ist, noch verstärkt.[26] Auf diese Weise wurde die strikte Genfer Prädestinationslehre zurückgedrängt. So enthält der Pakt des Einzelnen mit Gott ein "individualistisches Moment im Augenblick des Bundesschlusses."[27] Diese Einstellung widerspricht der ungeheuren Spannung in Calvins Theologie zwischen der für den Menschen unwißbaren Gnadenwahl einerseits und dem Bundesschluß mit Gott andererseits. Schon von daher ließe sich bezweifeln, ob die Leistungsethik der Weber-These als Folge des Prädestinationsbewußtseins gesehen werden kann.

Die Betonung des Paktes Gottes mit dem einzelnen Menschen stimmt zusammen mit den ramistischen Interessen des Martinius, geht es doch im Ramismus immer wieder um die Entwicklung vom Allgemeinen zum Besonderen, von der Theorie zur Praxis, ob es sich nun letztlich um die Bereiche der Kirchen- oder aber der Wissenschaftspraxis handelt. Die Individualitätsbetonung in der Theologie des Martinius besaß ihre Entsprechung in seiner Pädagogik, die sich darauf konzentrierte, die Erkenntniskraft und Selbständigkeit des Einzelnen zu fördern. Damit arbeitete Martinius dem Denken des Comenius vor, er ließ wissenschaftliches Problembewußtsein zu und bezog die Studenten in den akademischen Erkenntnisprozeß ein. Daß mit dieser Einstellung auch der Abfassung klar durchdachter Kompendien eine günstige Atmosphäre geschaffen wurde, liegt auf der Hand.

Der Übergang von der Herborner Föderaltheologie zu ausführlichem Arbeiten zum reformierten Kirchenrecht bot sich in der Hohen Schule an. Man kann von einer Identität der äußeren Organisation des calvinistischen Kirchenwesens mit der politischen Staatsform schon in Genf nicht reden[30], doch gibt es dort wie in der Kirk of Scotland zwischen beiden Ebenen weitgehende Konvergenzen, die durch das Spiritualitätsprinzip vermittelt werden.

Gerhard Menk hat in seiner verdienstvollen Studie über die Hohe Schule von Herborn 1584- 1660, die 1981 veröffentlicht wurde, überzeugend vorgeführt, daß im Zeitalter der Territorialstaaten die reformierten Fürsten eine Balance finden mußten zwischen der republikanischen Tendenz der calvinistischen Staatslehre und dem monarchischen Prinzip.[31] Die Herborner Theologie versuchte sich an einer Lösung des Problems: man gliederte den Fürsten in die vierfache Aufteilung der reformierten Kirche ein. In der Reihe der Elemente Kirchenlehrer, Pfarrer, Diakone, Presbyter, wurde dem Herrscher der Platz unter den Diakonen angewiesen. Der Fürst sollte nicht Oberhaupt der Kirche, aber doch ihr Fürsorger sein. Die reformierten Fürsten wie Johann VI. von Nassau ließen sich allerdings ihren freien Zugriff in kirchliche Angelegenheiten nicht beschneiden, wiewohl sie auch nicht dazu übergingen, den republikanischen Aspekt auszuräumen. Johann VI. blieb stets offen für ei-

ne effektive Verbesserung der kirchlichen und staatlichen Verhältnisse, um deretwillen er die Hohe Schule gegründet hatte.
Ein Reich Gottes auf Erden, das Wilhelm Zepper in seiner *Poli-
tica Ecclesiastica* (1595) gefordert hatte, läßt sich im reformierten Verständnis auch in seinem fürstlichen Territorium nur
unter der Anspannung von Seele und Verstand errichten, wenn
ein synodaler Aufbau des Kirchenwesens mit dem Landesfürsten-
tum nicht in Konflikt gerät, so daß die irdische Organisation
des Staats- und Kirchenlebens als Ausdruck der Erneuerung im
Glauben und somit als Heiligung gelten kann.

Eine überragende Gestalt der Herborner Theologie, die hier nur
gestreift werden kann, war Johannes Piscator, der bis zum Jahre 1625 als Professor und Schulhaupt wirkte. Von Piscator sind
spezifische Auffassungen in der Rechtfertigungslehre überlie-
fert (*De justificatione hominis,* Herborn 1599), er hat aber
auch Beiträge zur philosophischen Kritik geleistet, vor allem
aber sich durch umfängliche Kommentare zum Alten und Neuen
Testament sowie durch seine Bibelübersetzung einen Namen gemacht. Seine Bibelübersetzung zeichnet sich durch Genauigkeit
aus: sie wurde in den Niederlanden und in der Schweiz verbrei-
tet, in Nassau aber nach dem Tode Johanns VI. verboten. Piscator umrahmte sein Werk mit Kommentaren, schrieb Register und
sogar Bibelkonkordanzen. In seiner Übersetzung ließ er sich -
dem Schriftprinzip folgend - auschließlich vom "sensus litera-
lis" leiten, den er unter Ausklammerung der anderen drei traditionellen Schriftsinne herauszupräparieren suchte.

Piscator propagierte die Bibellektüre für jedermann. Er schrieb
eine Einführung in das Bibel-Lesen, hat überdies den ersten
evangelischen Gesamtkommentar zu beiden Testamenten verfaßt.[32]
Johann Heinrich Alsted übernahm nach Piscators Tod im Jahre
1625 dessen theologische Professur. Er wirkte in der Theologie
vor allem durch seine millenarischen Schriften, in der Praxis
und Theorie des akademischen Unterrichts durch seine *Theologia*

Didactica aus dem Jahre 1636, die den Status eines reformierten Lehrbuchs erwarb. Das Zentrum seiner Arbeit jedoch liegt in der philosophischen Enzyklopädie.

In der Auswirkung Herborns auf England im 17. Jahrhundert schlug vor allem das Wissenschaftssystem Alsteds sowie die Universaldidaktik seines Schülers Comenius zu Buche. Beide, Alsted wie Comenius, teilten überdies einen millenarischen Zug: die Hoffnung auf eine absehbare Wiederkehr Christi, für welche auf Erden schon alle geistigen und materiellen Vorbereitungen zu treffen seien.

Johann Heinrich Alsted wurde im Jahre 1588 in Ballersbach bei Herborn geboren. Als Sohn eines evangelischen Pfarrers gelangte er zur akademischen Ausbildung, die ihn bis zur ordentlichen Professur an der Hohen Schule Herborn führte. Alsted studierte nicht nur an seiner heimatlichen Hochschule. Er ging nach Frankfurt, Heidelberg, Straßburg, ja sogar nach Basel.[33] In Straßburg wurde er mit den Schriften des Raimundus Lullus bekannt[33a], dessen kombinatorische Logik und ars inventoria ihn interessierten. Über dieses Interesse wurde sicherlich auch Alsteds Empfänglichkeit für die Lehren des Petrus Ramus geleitet. Als Professor in Herborn wurde Alsted hochgeehrt. Er erhielt Berufungen nach Wesel, Hanau, Frankfurt a. d. Oder und nach Harderwijk. Im Jahre 1629 verließ er Herborn, um einem Ruf des Fürsten Gabriel Bethlen an die neuerrichtete Akademie von Weißenburg in Siebenbürgen zu folgen. Dort starb er im Jahre 1638. - In Alsted besaß Herborn neben Althusius den bedeutendsten Gelehrten wie in Comenius es den bedeutendsten Studenten besessen hatte.

In den calvinistischen Gebieten von Transsylvanien bis Neuengland, übten Alsteds systematische Traktate über Erziehungstheorie, Theologie und Philosophie einen großen Einfluß in den Universitäten fast des gesamten 17. Jahrhunderts aus. Seine Schriften deckten das ganze Spektrum der Naturphilosophie ab: Kabbala-Kommentare, Ars magna des Lullus, Mnemonik,

traditionelle und ramistische Logik, Physik, Mathematik und Astronomie.[34]

Für Ramus wie für Alsted gilt, daß die Logik als abstrakteste
Form der Praxis den Ausgangspunkt der Philosophie begründet.[35]
- Die ramistische Lehre fungierte in der Hohen Schule Herborn
als grundlegende Wissensschaftstheorie, als Forschungsstrate-
gie sowie als Theorie des Lernens und Lehrens. Die reformierte Akademie benutzte diese Wissenschaftstheorie als Mittel, um
einen durchstrukturierten Unterricht zu betreiben, das Wissen
selbst zu organisieren, ja all dies sollte dazu dienen, men-
tale und kirchlich-soziale, damit praktische Strukturen zu kon-
struieren. Nicht die reine Begriffsdifferenzierung stand im
Vordergrund des Interesses, sondern der   u s u s , zu dem man
die dichothomisch geordneten wissenschaftlichen Erkenntnisse
bringen wollte. Ramus hatte in seiner Dialektik oder *Logike*,
wie die Londoner Ausgabe von 1574 heißt, eine Zweiteilung vor-
genommen. Der Logik der   I n v e n t i o n   oder Logik vom
Auffinden der Argumente stellt er seine Logik der   D i s p o -
s i t i o n   gegenüber, womit eine Disziplin gemeint ist, die
es mit der klaren Wissensgliederung zu tun hat. Für Alsted,
für Comenius, ja für die Hohe Schule überhaupt liegt hier der
Keim einer Theorie des Enzyklopädismus. So schrieb etwa Johann
VI. am 22. Juni 1595 an den Bremer Theologen Pezel:

> Sinthemal leider in den schuelhen, wie euch besser
> dan uns bewust, zwar fast allein dahin gesehen wird,
> wie nemblich die jugend nuhr ettwas außwendig ler-
> nen, behalten, und wan man sie fragt, dasselbig er-
> zhelen und nachsagen mögen. Inmassen mann den sol-
> ches auch zum theill unvernünftige thier lernen kan,
> man aber entweder gar nicht, oder doch sehr wenig
> dahin trachtet, wie das iudicium formirt, acuirt,
> und die jugendt ad praxin und zu rechtem nutzen und
> Gebrauch ihrer studien gebracht werden möge...[36]

In dieser Briefstelle verdeutlicht sich, daß auch Graf Johann
VI. sich dem Ramismus verschrieben hatte. - Petrus Ramus darf

in der Wissenschaftsgeschichte des 17. Jahrhunderts nicht über-
gangen werden, weil er dem neuzeitlichen Begriff der Wissenschaftlichkeit zugearbeitet hat. So hat er seiner *Dialektik/
The Logike* drei aristotelische Prinzipien als Grundlagen vorangestellt:

1. Eine wissenschaftliche Aussage muß in allen Instanzen wahr
   sein.
2. Eine wissenschaftliche Aussage muß wesentlich wahr sein auf
   Grund der notwendigen Verknüpfung von Subjekt und Prädikat.
3. Eine wissenschaftliche Aussage muß reziprok sein, ein Prädikat besitzen, das mit dem Subjekt kommensurabel ist.[37]

Aus diesen Grundsätzen hat Ramus folgende Methodenforderungen
abgeleitet:

- Die Wissenschaft muß alles Wahrscheinliche ausschließen.
- Jede Wissenschaft muß einen präzise abgegrenzten Gegen-
  standsbereich haben.
- Die Exposition einer wissenschaftlichen Fragestellung sollte
  immer vom Allgemeinen zum Besonderen führen.

Damit ist die Basis benannt, auf welcher Alsted und seine Herborner Kollegen Wissenschaft trieben. Ramus untergliederte seine Logik, wie angedeutet, in die L o g i k   d e r   I n -
v e n t i o n : ihr geht es darum, sich auf U r t e i l e
zu konzentrieren, derart, daß man ein Argument   e r f i n -
d e t , mit dem man ein "Ding" beweisen oder widerlegen kann.
Die L o g i k   d e r   D i s p o s i t i o n dagegen bezieht sich auf O r d n u n g .
In der Inventionslogik befaßt sich Ramus mit der "Wirkursache"
(causa efficiens) als Quelle der Wissenschaft und mit der
"Distribution", worunter er ein reziprokes Verhältnis des Ganzen zu den Teilen begreift, wohingegen er "Definition" faßt
als reziprokes Verhältnis zwischen Definition und definiertem
Ding.

Die Distribution wird von Ramus definiert als Teilung eines
Ganzen in Teile, die es konstituieren (= Analysis) während das
Gegenstück, die Sammlung der Teile zum Ganzen "Induktion" (=
Synthesis) heißt. Die L o g i k d e r D i s p o s i -
t i o n beschäftigt sich - ähnlich wie die Gelehrten des Hau-
ses Salomo in Bacons Nova Atlantis - damit, die erfundenen Argumente ordentlich zu plazieren, um gute und korrekte Urteile
sicherzustellen. Diese Disposition gliedert sich in die Teile
Proposition (Syllogismus) und *Methode*.

> Die ramistische Wissenschaft war durch die Konzep-
> tion der Dialektik modelliert. Die Dialektik teilte
> sich in Inventio und Judicium. ... Judicium war als
> Disposition aufgefaßt worden und funktionierte nach
> den Axiomen der Vollständigkeit, der Homogenität und
> der Deduktion. Diese Axiome waren Grundlage jeder
> Argumentation und implizierten die Syllogistik, be-
> stimmten insbesondere die Methode, die die eigent-
> liche Ordnung der Sätze vornahm, die im Inventions-
> prozeß gewonnen worden waren. ... Der Erschließungs-
> prozeß war zugleich pädagogisches Lehrmuster, denn
> die hierarchische Ordnung galt auch als die beste
> Lehrordnung. Diese Konstruktion eines wissenschaft-
> lichen Feldes war allein der ramistischen Methode zu
> verdanken, die als Ars, als Dispositionskunst nach
> rhetorischem Muster über die Sätze, die als Urteile
> "inveniert" waren, verfügte und sich nicht um die
> Ordnung einzelner Urteile kümmerte. Diese Ordnung der
> Sätze bildete die entscheidende sachliche Grundlage
> für den Begriff von System, der im Anschluß an den
> Ramismus entstand.[37a]

Der Methodenbegriff des Petrus Ramus paßt in die Aufbruchs-
stimmung der beginnenden Neuzeit, wie wir sie detaillierter
und fundierter bei Bacon oder in Descartes "Regulae ad directionem ingenii" (1628/29)[38] finden:

> The methode is a disposition by the which among
> many propositions of one sorte, and by their dispo-
> sition knowen, that thing which is absolutely most
> cleare is first placed, and secondly which is next:
> and therfore contynually procedethe from the most
> generall to the speciall and singuler. By this meth-

ode we proceade from the antecedent more absolute-
ly knowen to prove the consequent, which is not so
manifestly knowen.[39]

Die philosophische Querverbindung zwischen Ramus auf der einen, Francis Bacon und René Descartes auf der anderen Seite
kann hier nur benannt, nicht erörtert werden. Es mag der Ver-
weis auf die instruktiven Forschungen genügen, die der Marburger Philosoph Lüder Gäbe zum jungen Descartes vorgelegt hat.[40]

Für Alsted ist die Logik in der Wissenschaft ebenso wie für
Ramus universal bestimmend, auch wenn die Ziele der Wissenschaft nicht durch die Logik vorgeschrieben sind.[41] Alsted
versteht sich als Methodiker, dem es um die Ordnung der Dinge
geht, um die Systematisierung von Dingen und ihrer Erkenntnis,
aber auch um den Ausgleich der Streitigkeiten zwischen Aristo-
telikern und Ramisten. Sein Bestreben nach Klarheit durchzieht
sein ganzes Werk und schlägt sich vor allem in seinen logischen Bemühungen nieder.[42] Die Erkenntnis des Wahren will Alsted um willen der guten Praxis betreiben. Diese Einstellung
spiegelt ein Element des Platonismus, indem von dem Wechselver-
hältnis von Ascensus und Descensus in Bezug auf Gott ausgegan-
gen wird: "Der Ausgangs- und Zielpunkt der Bewegung ist Gott;
der Ort, wo diese Bewegung von Gott her und zu Gott hin ihren
Wendepunkt hat, ist der Mensch."[43] An diesem Punkt hat sich im
16./17. Jahrhundert immer wieder die Metaphorik von der Golde-
nen Kette des Seins festmachen lassen.[43a]

Descensus		Ascensus	Die fünf Stufen mitsamt dem
	Deus		
	Angelus		Menschen entsprechen den
	Coelum		
	Homo		menschlichen Vermögen oder
	Imaginativa		"facultates", wobei die In-
	Sensitiva		
	Elementiva		strumentiva auf das Wirken
	Instrumentiva		in der Welt abheben (= au-

ßen), während die Läuterung der Seele sich als innerer Ascensus bestimmt. - Die enge Verbindung zwischen Theologie und

Philosophie wird hier deutlich, wie Alsted sie auch in seinem Buch *Physica harmonica* (Herborn 1616) verdeutlicht hat, doch hat Alsted letztlich wohl eher eine Harmonisierung von Philosophie und Theologie betrieben. In seinem *Compendium Philosophicum* von 1626 beantwortet er die Frage nach dem Verhältnis beider knapp: "An philosophia pugnet cum theologia? Statuitur thesis negativa. Nam verum vero consonat. DEUS est author philosophiae & theologiae. Deniq; philosophia servit theologiae."[44] Daraus erhellt, daß im Herborner Calvinismus in keiner Weise daran gedacht wurde, auf die Philosophie zu verzichten. Vielmehr wurde dem Gebrauch des menschlichen Verstandes ein hoher Wert zugewiesen. Immer wieder weist Alsted darauf hin, daß die Menschen in ihren Bestrebungen sich zum i m a - g o D e i erheben sollten. Die platonische Ideenlehre spielt in die Argumentation hinein[45]: Gottes Wesen ist die Grundform des Seins schlechthin und so heißt es: "Anima est praecipue imago Dei."[46] Diese Qualifikation kommt der Seele wegen ihrer Vernünftigkeit zu, so daß eine Vergleichbarkeit mit Gott - im Prinzipe - veranschlagt werden kann. Diese Konvergenz der Vernünftigkeit von Gott und Mensch blieb für die Neuzeit ein erstrangiges philosophisches Thema, ja eine brilliante Möglichkeit, den menschlichen Geist von dogmatischer Unterdrückung zu emanzipieren. Niemand anderes als Galilei hat für seine Wissenschaftstheorie an diesem Punkt Begründungsmaterial gefunden.[47]

Alsteds Neigung zu Systematik und Methode bleibt seine eigentliche Leistung, auch wenn sein Ramismus sowie die platonistischen Reminiszenzen ihn über Analogiedenken nicht sehr weit hinausführten. Die Inventionsseite seiner Theorie besaß noch keinen Baconschen Zuschnitt und die Intentionen mathematischer Naturalphilosophie wie wir sie von Copernicus und Galilei kennen, blieben ihm fremd.[48]

Für Alsted gab es zwei grundsätzliche Zwecke der Philosophie, den absoluten Zweck: die Ehre Gottes und den relativen Zweck: die Nützlichkeit für den Menschen. Folglich teilt sich seine Encyclopaedia gemäß der Trennung von Ascensus und Descensus in eine theoretische und eine praktische Welt. In seinen philosophischen Grundbegriffen wird die Trennung zwischen der intelligiblen und der sensiblen Welt überbrückt durch die Harmonie von Theologie und Philosophie. Für beide Disziplinen heißt der oberste Begriff Gott, so daß das Geschäft des Denkers darin besteht, Gott und Welt miteinander zu vermitteln.[49] Folglich erhält die Philosophie die Aufgabe einer "instaurationem imaginis Dei"[50], eine Formulierung, die an Francis Bacons "Instauratio magna" durchaus erinnert. Stets bleibt Alsted anthropozentrisch gesinnt. Er lehnt daher Copernicus ab[51]; für ihn ist die Welt "Wohnstelle und gleichsam Palast des Menschen."[52]

Dennoch stoßen wir bei Alsted zugleich auf moderne Züge im Denken, wenn er in der Theorie der physikalischen Kraft Zabarella folgt, der die Bewegung nicht als Anstoß von außen, sondern als inneres Prinzip definierte. Damit wurde die gottesbeweisende scholastische Theorie vom "Ersten Beweger" in Alsteds System nicht mehr mitgeschleppt. Die Welt konnte in ihrer materiellen und natürlichen Seinsform als eigenständiges Sein begriffen werden.[53] Doch immer noch wirkt Gott durch einen Ausfluß seines Geistes (Emanation) auf den Menschen ein[54]. Daher wird der Gedanke der Universalität des Wissens spirituell gefaßt: Alsted spricht vom Begriff der philosophischen Form:

> Forma philosophiae est unio sive connexio & dispositio singularum ipsius partium, quae ita inter se devinciuntur, ut in hoc mundo videmus omnia cohaerere.[55]

Auf diesem Wege also wird Alsted, von Zedler "ein überaus fleißiger, und belesener Mann"[56] genannt, zum Vorläufer der europäischen modernen Enzyklopädie.[57] Er veröffentlichte seine

E n c y c l o p a e d i a   c u r s u s   p h i l o s o p h i -
c i   im Jahre 1620 in einem Umfang von 3400 Seiten und seine
E n c y c l o p a e d i a   S e p t e m   T o m i s
d i s t i n c t a   von 1630 in einem Umfang von 2500 Folio-
seiten. Es umgibt ihn, der vieles vom Wissen seiner Zeit bloß
sammelte, durch seinen Willen zur Präzision, wie Grün zu Recht
gesagt hat, ein "Hauch rationalistischen Geistes".[58]

Erste Versuche zur Enzyklopädie hatte Alsted schon 1609 mit
seiner Clavis Lulliana unternommen. Ihm schwebte vor, Ramismus
und Aristotelismus über Lullus zu kombinieren, wobei er - ähnlich Bacon - eine scharfe Trennung von Philosophie und Theologie begünstigte. Im Laufe seines Lebens verlagerte sich allerdings der Schwerpunkt der Alstedschen Universalwissenschaft
vom Lullismus zum Calvinismus und von diesem zum Neuplatonismus.[58a] Die Baconschen Ideen, wie sie in The Advancement of
Learning seit 1605 bereitstanden, waren Alsted in der Abfas-
sungszeit der Clavis Lulliana noch nicht bekannt. Auch scheint
bedeutsam, daß Alsteds Enzyklopädie von 1620 durch die Wissen-
schaftszüchtigung der Synode von Dordrecht Einbußen in der
Grundlagenkonzeption erfuhr, so daß der Begriff der Weisheit
als Teilhabe am göttlichen Schöpfungsplan mediatisiert durch
lullistische Darlegung des Wißbaren eingeklammert wurde, eine
Verengung, die aber in der letzten Ausgabe der Enzyklopädie
von 1630 wieder weitgehend entfiel. Entscheidend ist, daß sapientia als fundamentale Rationalinstanz einer Psychologie der
menschlichen Vermögen Platz machen mußte, von der Alsted die
Wissenschaftsbereiche ableitete.[58b]

Der enzyklopädische Gedanke Alsteds besagt, daß man die Welt
als Ganzes im Zusammenhang ihrer Teile zu erkennen hat. Hinter
dem Begriff der Ganzheit steht für Alsted offenbar der Harmo-
niegedanke, der Zusammenklang aller Teile.[59] Solches Harmonie-
denken war charakteristisch für die Zeit, spiegelt es sich
doch auch in einem so bedeutenden Werk wie in Keplers "Welt-

harmonik" (Harmonice Mundi) aus dem Jahre 1619.[60] Der Komplementarität der Naturgegebenheiten wird die Komplementarität des Wissens parallel gesetzt.

Alsted nimmt seinen Anfang in der Enzyklopädie bei den Prinzipien der Wissenschaft (Archelogia),[60a] wobei Gott als höchste causa efficiens auftritt. Erst dann teilen sich die Ursachen in innere und äußere auf, die den Menschen antreiben. Die inneren beziehen sich auf das Wissensverlangen des Menschen, das mit seinem Zustand als Mängelwesen verbunden ist - Sündenfall und die Folgen - , wobei die intellektuellen Vermögen und die theoretischen Disziplinen einander zugeordnet werden. Die äußeren antreibenden Ursachen stammen aus der Welt als solcher: die Schöpfung offenbart Gottes Großartigkeit, so daß der Mensch angeregt wird, diese Welt zu begreifen. Beide Ursachen zusammen sollen den Sündenfall aufheben über das schon erwähnte im Menschen zu errichtende i m a g o D e i .

Alsted hat sich an Zabarellas Wissenschaftsbaum orientiert. Dessen Äste/Zweige stehen für die Affektionen (terminus ad quem), der Stamm/der ganze Baum entspricht dem Subjekt (terminus in quo) und die Wurzeln bilden den terminus a quo. Bei den praktischen Disziplinen gliedert Alsted Subjekt, Ziel, Prinzipien, fügt aber an, daß die Bewegung der Erkenntnis in genau umgekehrter Richtung verläuft. Als Beispiel läßt sich die Medizin anführen:

Subjekt/terminus in quo   : menschlicher Körper
Ziel/terminus a quo   : Erreichung der Gesundheit als
                             Harmonie aller aller Säfte; dem
                             Arzt bekannt.
Prinzipien/terminus ad quem: Hilfsmittel (auxilia), die zur
                             Erreichung des Zieles dienen.

Alsted ließ sich hinsichtlich der Über- und Unterordnung in den Wissenschaften von Zabarella inspirieren. So gliederte er

die Propädeutik der gesamten Philosophie in vier Disziplinen,
von denen nur die ersten beiden näher vorgestellt werden sollen:

Archelogie	Hexilogie	Technologie	Kanonik
Lehre von den Prinzipien (= ἀρχαί), die jede Disziplin voraussetzt.	befaßt sich mit den intellektuellen Fähigkeiten und Haltungen (habitus).	behandelt System und Methode der Wissenschaften.	gibt praktisch-pädagogische Anweisungen zur Einrichtung des Studiums.

(1) Archelogie

= def. erster Teil des philosophischen Vorwissens
  - handelt von Prinzipien und Grundlagen aller Disziplinen
  - Metaphysik befaßt sich mit Seiendem in der ganzen Weite
    seines Begriffs
  - Archelogie dagegen befaßt sich mit:
    -- Modi des Seins
    -- Prinzipien der untergeordneten Disziplinen
    -- Arten des Seins (species entis)
    -- subiecta: teilt den untergeordneten Wissenschaften ih-
       re Gegenstände zu
  - betrachtet nicht das Seiende, sondern nur seine PRINZIPIEN
    (zusammengesetzte / nicht zusammengesetzte)
Nach einer Erörterung des Prinzip-Begriffs folgt eine Teilung:

ARCHELOGIE:

allgemeine A.

liefert Prinzipien, die allen
Disziplinen gemeinsam sind
Seinsprinzip: Gott, Mensch,
Verstand

spezielle A.

liefert die besonderen Prinzipien einer jeden Disziplin.

Erkenntnisprinzip:

Satz v. Widerspruch, Satz, daß Ganzes größer ist als seine
Teile.

Die Differenz zwischen Ursache (causa) und Grund (principium)
ist bei Alsted nicht klar.

äußere Prinzipien:

Wirkprinzip (princ. efficiens)   = Gott, Gottes Weisheit,
                                    Mensch als Ebenbild Gottes
Finalprinzip (pr. finale)   = Verherrlichung Gottes,
                                    Vervollkommnung des Men-
                                    schen

innere Prinzipien:

Materialprinzip
Formalprinzip   (4 Prinzipien stimmen überein mit den vier
                     aristotelischen Ursachen)
Alle Prinzipien sind angeboren!
Alsted zitiert Melanchthons Dialektik von 1571
"Prinzipien werden Kenntnisse genannt, die mit uns auf die
Welt kommen; sie sind die Samen der einzelnen Wissenschaften
und von Gott in uns eingesät, damit aus ihnen die Fertigkeiten
hervorgebracht würden, deren Gebrauch im Leben notwendig
ist."[60b]

(2) Hexilogie

Die H. handelt von den intellektuellen Dispositionen (Begriff
nach Arist., Nik. Ethik, 6. Buch):
- Kunst: prakt. Fähigkeit/zugleich theor. Wissen, vgl. Arzt
- Wissenschaft: Theoret. Wissen, durch schlußfolgerndes Denken
              erreicht
- sittliches Wissen: Einsicht in das, was gut u. schlecht im
              Handeln ist
- Weisheit: vereint Wissenschaft, Verstand, sittliches Wissen
- Verstand: Vermögen der Einsicht in die ersten Prinzipien

Habitus versteht Alsted als intellektsteuernde Vermögen, die
auf ein Ziel gerichtet sind, wenn sie angeregt werden. Nach

Zabarella unterteilt er die intellektuellen Habitus:

theoretische: intellectus, scientia, sapientia

praktische: prudentia, ars

synteresis: Vermögen der ersten praktischen Prinzipien

(prudentia zieht aus den prakt. Prinzipien ihre Schlüsse)

Habitus der poietisch-faktischen Vernunft: orgnaico-mechanicus ist auf die instrumentalen Disziplinen gerichtet (Logik/Grammatik), als mechanischer ist er auf die handwerklichen Fertigkeiten gerichtet. Man SIEHT also bei Alsted eine Tendenz, die Welt erkenntnismäßig und praktisch völlig durchzuorganisieren, so daß die inneren Prinzipien eingelöst werden können. Daß Alsted die handwerklichen Fähigkeiten so sehr betont, stimmt mit calvinistischen Tendenzen zusammen.

> Materiales Prinzip sind die Wissenschaften (c 19) und formales deren Gliederung, die Anordnung der Gegenstände in ihnen (c 20). Dies sind die principia essendi der Philosophie, nun folgen die principia cognoscendi, die in der Schule ihre Vereinigung finden. Es wird hier behandelt der Intellekt (c 21...), das Gedächtnis, der Wille, die Sinne, der Trieb und die Glieder des Körpers, soweit sie der Erkenntnis dienen (c 22 - 27). Weiterhin wird über die Gründe der Erkenntnis gesprochen (c 31), über das Buch der Natur als ihren Gegenstand und die große und kleine Welt (c 32).[61]

Philosophie konvergiert mit Weisheit; sie ist für Alsted Teilhabe an der göttlichen Weisheit, auch wenn zwischen Gott und Mensch "Differenzprädikate" vorgesehen bleiben.[61a] Die dennoch hier offenbare Befreiung des menschlichen Geistes findet sich mit ähnlicher Tendenz bei Galileo Galilei.[61b] - Wie in der Herborner Pädagogik der Zeit ging es dem Enzyklopädisten Alsted darum, Wissenschaft - sowohl theoretisch wie zum Zwecke des Gebrauchs - voranzutreiben.

Hier, im usus, enden alle Ableitungen. Hier schließt sich der
Kreis der Erörterung, indem Alsted die intellektuelle Anwendung der Logik als Synthese und Analyse ausweist[62], eine Lehr-
auffassung, die sich in der Herborner Wissenschaftspraxis nie-
derschlug. Nicht nur Wissenschaft wurde nach diesem Doppel-
schema getrieben, sondern auch der Unterricht mit seinen un-
zähligen Disputationen. - Das Problem einer generellen Beurteilung von Alsted, die noch aussteht, liegt wohl darin, daß
die ramistische Enzyklopädistik noch als Wissenschaftsprogramm
angesehen werden muß, daß sich ähnlich dem Bacon-Programm verdient machte, die neuzeitliche Wende zu befördern, aber als
solche noch nicht die Theorie moderner Wissenschaftlichkeit
vorstellte, wie sie erst seit Ende des 17. Jahrhunderts mit
Newton und Leibniz ihren Durchbruch erlebte. Schließlich gelang es erst Newton, das moderne Wissenschaftsparadigma über
die Konvergenz zwischen Bacon-Programm und mathematischer Naturwissenschaft zu begründen.[63]

Jan Amos Comenius, der in den Jahren 1611 bis 1613 in Herborn
studierte, wurde von Johann Heinrich Alsted als Schüler aufgenommen, ja beide Männer begründeten eine Freundschaft in
Herborn.[64] Comenius befaßte sich mit den Alstedschen Theorien,
seinem Ramismus und Enzyklopädismus, der sich auch in der Beschäftigung mit Lullus und Giordano Bruno manifestierte. Neuplatonismus und Kombinatorik verbinden die Denkansätze beider
Gelehrter. - Die ihm schon in Herborn begegnenden Ansätze zur
Wissenschaft der Didaktik entwickelte Comenius weiter und band
seine neuerliche Konzeption mit dem Enzyklopädiegedanken zusammen.[65] An dieser Stelle wurde auch die Idee des Tausendjährigen Reiches Christi auf Erden für Comenius bedeutsam, hatte
er doch auch hier einen Vorgänger in seinem Lehrer Alsted.[66]

In seinem großen Werk _Didactica magna_ (zwischen 1628 - 1641
geschrieben, 1657 publiziert) hat Comenius eine Bilanz seines
Denkens gezogen. Chiliastische Elemente, der Eifer einer uni-

versalen, religiösen und wissenschaftlich-pädagogischen Reform
greifen bei Comenius ineinander und kristallisieren sich zu
großangelegten Plänen des umfassenden Weltverstehens auf pro-
testantischer Grundlage. Der "Weg zum Licht" umreißt im Bilde
schon seinen Ansatz:

> ... system was certainly the most comprehensive of
> the many that were offered in the seventeenth centu-
> ry. It was essentially a prescription for salvation
> through knowledge raised to the level of universal
> wisdom, a pansophy, supported by a corresponding
> program of education.[67]

Der verborgene Gott muß nach Comenius dreifach aufgesucht werden: in der S c h ö p f u n g , im M e n s c h e n als
"imago Dei" und im W o r t , so daß als Erkenntnisquellen
benannt sind: Natur, Verstand, Heilige Schrift.

Die Harmonie von Glauben und Erkennen, die sich bei Comenius
findet, darf zu Recht als Alstedscher Gedanke bestimmt werden.
Nach diesen Formulierungen erhellt, daß für Comenius Makro-
kosmos und Mikrokosmos in einem commercium zueinander stehen.
Dieses commercium nutzt Comenius für seine Zwecke. Für ihn
liegt im Empirismus wie bei Bacon der Beginn der Wissenschaft,
doch von dort aus hebt der Ascensus zum göttlichen Licht an
(Pansophie). Dieser theosophische Ansatz findet sich schon in
Alsteds Enzyklopädie von 1630, insofern die Psychologie als
Basiswissenschaft in den Vordergrund rückte:

> (Die Psychologie) garantierte jetzt (1630, JK) durch
> eine vermögenspsychologisch beschriebene teilhabende
> Erkenntnis, durch das geschaffene und trotz Erbsün-
> de gebliebene Lumen naturae den Zusammenhang der
> Wissenschaften. Die Regeln der Enzyklopädie von 1630
> waren philosophische Regeln von theologischen Gna-
> den, waren Theosophie.
> ...
> 'Lumen naturae est habitus in prima creatione im-
> plantatus homini, ut illius beneficio intelligat
> quid sit verum et bonum.'[67a]

So erweitert die Alstedsche Enzyklopädie die menschlichen
Vermögen entsprechend um das "lumen propheticum" und das "do-
num miraculorum atque linguarum". Auf diese Weise strebt auch
Comenius zur Harmonie von mundus sensibilis und mundus intel-
ligibilis. Die Pansophie bedeutet gradweiser Anstieg zum Wis-
sen, dem die Enzyklopädie entspricht. Auch hier läßt sich an
Bacon denken, dessen Induktionslehre mit der Induktion durch
Ausschließung arbeitet.[68]

II. 2. In der kritischen Phase der englischen Geschichte ab
1640 strebten die Puritaner, besonders aber diejenigen, die im
House of Commons saßen, die absolutistischen Tendenzen des Kö-
nigs Karl I. zurückzudrängen. Sie wehrten sich gegen seine
autokratischen Ansprüche als Herrscher ebenso wie gegen seine
episkopal aufgefaßte Hochkirche und sannen deshalb auf entschiedene Verbesserung der Situation des Landes. Es nimmt nicht
Wunder, daß diese Auseinandersetzung als faktischer Kampf
ebenso geführt wurde wie als Kampf der Ideen. In diesem Be-
hauptungsversuch der Puritaner spielte die calvinistische Religion eine ebenso bedeutsame Rolle wie ein neues Bildungs-
und Wissenschaftsverständnis: alle drei wollte man einsetzen,
um eine Gesellschaft der wahren Religion zu etablieren.

Im England am Vorabend des Bürgerkriegs und im Bürgerkrieg
selbst verbündete sich die Baconsche Idee der neuen Wissenschaft mit dem Puritanismus, was sich auch darauf auswirken
sollte, in welcher Weise in England geistige Anregungen vom
Kontinent aufgenommen wurden. Wie angedeutet, wurden ab 1640
im Parlament Stimmen laut, die nach einer Reinigung an Haupt
und Gliedern verlangten: die Religion sollte der Reinigung zu-
geführt werden - und zwar wollte man sich gegen die katholischen Einflüsse im Lande schützen - , man gedachte aber auch,
die Schulen und Universitäten nach der Reinheit des reformierten Glaubens zu verbessern.

In der Root and Branch Petition des englischen Unterhauses vom
11. Dezember 1640 wird darauf hingewisen, daß die Episkopalkirche die Vorurteile stütze, das Recht beuge und den Staat in
Gefahr bringe, was allerdings auch der Regierung zur Last ge-
legt wird. In der Aufzählung der Übel wird die Unterdrückung
der reinen Religion moniert ebenso wie die mangelnde Verbreitung sinnvoller Bildung und guter Bücher.

> 7. Die Entmutigung vieler ihre Kinder in den Wis-
> senschaften zu erziehen; die vielen Spaltungen, Irr-
> tümer, und absonderliche Meinungen, die in der Kir-
> che herrschten; die großen Verderbtheiten an den
> Universitäten; die grobe und beklagenswerte Unwis-
> senheit nahezu überall unter den Leuten; der Mangel
> an predigenden Pfarrern in sehr vielen Orten von
> England und Wales; die Abscheu vor dem geistlichen
> Amt und der allgemeine Abfall hin zu allen Arten der
> Profanität.
> ...
> 11. Das Anwachsen des Papismus und die Zunahme der
> Papisten, Priester und Jesuiten in verschiedenen Or-
> ten, aber besonders in der Gegend von London seit
> der Reformation; das häufige Ventilieren von Kruzi-
> fixen und papistischen Bildern sowohl gestochen als
> gedruckt, und das Hereinsetzen dieser in die Bibeln.
> 69

Die Absicht zur Reform durchzieht die Root and Branch Petition vollkommen. Die Kritik an der Kirche, am Bildungssystem,
wird zusammen gesehen mit dem herrschenden Ungeist im Lande.
Weniger als ein Jahr später verschärfte das Parlament seine
Anklage. Auch die Grand Remonstrance vom 1.12.1641 geht auf
die religiöse Krise und die Bildungsmisere Englands ein: die
königlichen Räte und Höflinge richten ihre Ratschläge und Aktionen nach falschen Prinzipien aus.

> Zweitens, um die Reinheit und Macht der Religion zu
> unterdrücken und die Personen, die am besten davon
> ergriffen sind, da sie ihren eigenen Zielen wider-
> streben und das größte Hindernis zu dem Wandel dar-
> stellen, den sie einzuführen gedachten.
> ...

Um die Arminianer in den Punkten zu hegen und pfle-
gen, an denen sie mit den Papisten übereinstimmen,
um die Kluft zwischen den allgemeinen Protestanten
und den sogenannten Puritanern zu vermehren und zu
vergrößern, um solche Meinungen und Äußerungen ein-
zuführen, die am besten mit dem Papismus zusammen-
stimmen, um die Unwissenheit zu vermehren und auf-
rechtzuerhalten, sowie lockeres Leben und Profanität
im Volke.[70]

Vom Parlament und von Intellektuellen, die ihm nahestanden,
gingen solche Reinigungsgedanken aus. Sie konkretisierten sich
in informellen Gruppen, die sich mit der Philosophie der Zeit
und mit der protestantischen Religion befaßten. Im Rahmen dieser Gruppen, von deren einer noch zu reden sein wird, kamen
auch die Gedanken der Herborner Hohen Schule - vor allem durch
Comenius und mittelbar die Ideen Alsteds nach England. Der
vorgegebene englische Rahmen für diese Rezeption war aber das
Bacon-Programm. Das von Bacon ausgearbeitete Wissenschaftsprogramm fiel bei den Puritanern der englischen Revolution auf
fruchtbaren Boden, weil sie es zur Bildungs- und Wissenschaftsreform im Rahmen ihrer Gottesreichsgründung nutzen wollten.

Das Bacon-Konzept besteht aus einer generellen Vorurteilskri-
tik. Die basalen Vorurteile des Menschen oder die I d o l e
müssen zunächst durchschaut und ins Kalkül gezogen werden, bevor ein Aufbau der Wissenschaft möglich ist. Bacons Idee der
Naturwissenschaft geht von der Voraussetzung aus, daß der
Mensch sich zum Beherrscher der Natur machen kann, wenn er ihr
die Naturgesetze abjagt. Nur durch Kenntnis der Naturgesetze
ist eine szientifische und technische Beherrschung der Welt
möglich - zum Nutzen aller und zur Umkehr des Sündenfalls. Der
Mensch ist nicht nur der Interpret der Natur, sondern auch ihr
Beherrscher. Daher stammt die berühmte Formel W i s s e n
i s t   M a c h t . Sie ist nichts anderes als Bacons Aphoris-
mus 3 im *Novum Organum* von 1620.

Bacon hat sich in seinem Großprojekt der Instauratio Magna mit

der Frage beschäftigt, wie man denn nun der Natur ihre Geheim-
nisse entreißen könne. Als Jurist kam er auf die Idee, man
müsse die Natur einem hochnotpeinlichen Verfahren unterwerfen,
so daß sie unter der Folter (des Experimentes) das an Auskünf-
ten gibt, was an sich dem menschlichen Wissen verborgen ge-
blieben ist. Diese Gerichtsmetapher indiziert, was man das
Verfahren oder die Theorie der Induktion genannt hat. Bacon
wollte eine sichere Vorgehensweise entwickeln, mithilfe derer
man von den Sinneswahrnehmungen zu Tatsachen und von den Tatsachen im Einzelnen zu notwendigen Tatsachenverknüpfungen fortschreiten könnte. Die Methode, die er dabei erfand, ging aus
von Datensammlungen, die aber nach dem Prinzip des Widerspruchs
gefiltert werden sollten, und zwar in sogenannten Tafelverfah-
ren[71], als deren Resultat die Naturformen aufscheinen.

Bacons Denken verband sich mit den Wünschen und Vorstellungen
der Puritaner aufs engste, vor allem nach 1640. Doch schon um
1630 gab es vielfältige Wechselwirkungen zwischen puritani-
scher/reformierter Religion und der Wissenschaft in England.
Vor allem das Konzept eines zukünftigen Gottesreiches fand
Aufnahme in die Denkströmungen der Zeit, ein Reich, das ja
auch der Organisation und des erfolgreichen Fortlebens bedurf-
te. So spielten zunächst apokalyptische Rahmen eine bedeutsame
Rolle, die dann 1642 und 1643 durch die Alsted- und Mede-Über-
setzungen in einer kritischen Phase des Civil War enorme Wir-
kungssteigerungen erfuhren. Das goldene Zeitalter bekam den
Zuschnitt des Milleniums, einer Lebensform der Reinen und Heiligen in Einfachheit und Klarheit:

> The *instauratio magna* of Bacon, the *pansophia* of
> Comenius and the irenicism of Dury were represented
> by Stoughton as key manifestations of the approach
> of the final age.
> Although neither Bacon nor Comenius is customarily
> regarded as sympathising with the millenarian posi-
> tion, it was entirely legitimate for the Puritans to
> draw attention to this aspect of their philoso-
> phies.[71a]

Die Prophetie des Daniel gewinnt die Form eines konkreten Wissenschafts- und Praxisprogramms, demzufolge die Welt "geöffnet" werden muß durch Schiffahrt, Handel und die Erweiterung des Wissens. Die Grenze der bekannten Welt koinzidiert nicht mit den Säulen des Herakles. *Plus Ultra* ergeben sich Möglichkeiten, die Francis Bacon schon in seiner frühen Skizze *Valerius Terminus*[71b] aufgezeigt hatte. Die Menschen sollen durch die Religion (Puritanismus) und die Wissenschaft (new philosophy) den Sündenfall wettmachen. Über diesen Ansatz gründet sich das Vertrauen auf eine *instauratio magna*. Bacon ruft zur Selbstbehauptung der Vernunft auf, nachdem er die wissenschaftliche Wahrheit von der theologischen Wahrheit abgetrennt hat (vgl. *Novum Organum*, I. 93). Mit zunehmender Entwicklung seit dem frühen 17. Jahrhundert wurde der Baconianismus die offizielle Philosophie der Revolution. Die Puritaner sahen in Bacon *die* moderne Autorität: "On the eve of the Revolution the Puritans became engaged in discussions about the exact course of the intellectual reformation; ..."[71c]

Dies hat R. F. Jones schon 1961 an den zeitgenössischen Quellen deutlich gemacht, wobei gerade die Zeit von 1640 bis 1660 als Phase gründlicher Umwälzung des Bildungssystems und der Wissenschaft die Baconreform mit dem Puritanismus eng verknüpfte, woraus sich die Keime zur Royal Society entwickelten. John Hall etwa konstatierte in seinem Werk *A Humble Motion to the Parliament of England Concerning the Advancement of Learning: And Reformation of the Universities* (1649), "(God) hath diffused a great and restless genius in this age, far greater than any hath been of a long time."[71d] Ab Mitte der vierziger Jahre erscheint eine Fülle von Schriften zur Bildungs- und Wissenschaftsreform, wobei - wie angedeutet - nach der Zwei-Wahrheiten-Lehre Religiosität, Erkenntnisstreben und wirtschaftlicher Erfolg als Ziele amalgamiert frühe Fortschrittskonzepte konstituieren. Die Anregungen zu diesem Ansatz kommen entweder direkt von Bacon oder von Comenius; wenn von letzterem, dann steht unweigerlich J. H. Alsted als Gedankenreservoir im Hintergrund. Eine der wichtigsten Schriften, die das neue Wissenschaftskonzept beleuchten, ist John Websters *Academiarum Examen* ... aus dem Jahre 1654.[71e] Der Aufstieg der Naturalphilosophie, der selbst von Cromwell mannigfach gefördert wurde[71f], hatte um 1650 einen Höhepunkt, welcher mit dazu beitrug, daß sich die "liberal"-puritanisch denkenden Keimgruppen der Royal Society in Oxford und London zusammenfanden.[71g] Im Jahre 1653 richtete das Parlament sogar einen Ausschuß ein "for the advancement of learning."

Es sei darauf hingewiesen, daß die puritanischen und baconischen Tendenzen in Wissenschaft und Gesellschaft oft nicht die einzigen waren. So stellten sich früh Querbeziehungen zur Apokalyptik ein, die hinwiederum Sympathien im Neuplatonismus fand. Der Engländer, welcher als bedeutender Vermittler Johann Heinrich Alsteds gelten muß, ist Dr. Joseph Mede (1586-1638). Mede, der im selben Jahr wie Alsted starb, hat enge Beziehungen zur puritanischen Apokalyptik wie zum neuen Denken. Er war in Cambridge der Lehrer John Miltons.[71h] Mede war früh mit Alsteds *Diatribe* vertraut, wie Vergleiche beider Texte beweisen. Sein eigenes Werk *Clavis Apocalyptica* aus dem Jahre 1627 erschien erst posthum im Jahre 1643, von Richard More ins Englische übersetzt. Mede teilte Alsteds Bestimmung des Zeitpunkts des Tausendjährigen Reiches, der zusammenfiel mit der Wiederkehr Christi und einer Bestrafung der Bösen.

Medes Geisteshaltung ähnelte der Alsteds durchaus. Es finden sich deutliche philosophische und systematische Neigungen. Mehr noch als Alsted war Mede an eigenen naturwissenschaftlichen Forschungen interessiert, wie dies seine Beiträge in der Physik, Botanik und Astronomie ausweisen. Von Mede breitete sich das apokalyptische Denken aus. So gehörte neben Milton auch Henry More zu seinen Schülern, der später führende Cambridge Platonist.[71i] Robert G. Clouse[71j] ist der Frage nachgegangen,

wie sich die Beziehung zwischen der englischen puritanischen
Revolution und deutschen reformatorischen Sekten begründungs-
orientiert darlegen lasse. Dabei gilt J. H. Alsted für Clouse
zu Recht als Schlüsselfigur, wiewohl seine theoriegeschichtli-
chen Einordnungen nicht ganz überzeugen können.

Die Idee des Millenium spielt die zentrale Rolle als eine
Denkform, mithilfe derer Defizite der realen Welt und szienti-
fisch-theologische Wünschbarkeiten eines Reiches Christi auf
Erden zur Kongruenz gebracht werden sollten. Clouse weist auch
darauf hin, daß der internationale Ruhm Herborns ablesbar sei
an der Schülerschaft Alsteds: die Studenten kamen aus fernen
reformierten Landen - so aus Böhmen, Polen, Holland, Schottland, Dänemark, Litauen und Ungarn.

Zwischen Baconianismus und Herborner Wissenschafts- und Zu-
kunftskonfigurationen brachte demnach der englische Puritanismus, besonders der Vorabend des Civil War, unzählige Querver-
weise und Vernetzungen hervor. Im Resultat muß man von Folgendem ausgehen: die radikalen Puritaner versicherten sich der
Baconschen Wissenschafts- und Organisationstheorie, weil sie
darin die möglichen Mittel entdeckten, mit der Aneignung der
Natur methodisch fertig zu werden:

> Die Popularisierung der Ideen Bacons nach 1640 ....
> half, ... , um den Schatten loszuwerden, der die
> Menschheit so lange Jahrhunderte geknechtet hatte:
> der Schatten der Erbsünde. Was die Alchemie und der
> Calvinismus gemeinsam hatten war, daß die Erlösung
> von außen käme, durch den Stein der Weisen oder die
> Gnade Gottes. Bacon zog aus der magisch-alchemisti-
> schen Tradition die neue Idee, daß die Menschen sich
> selbst helfen könnten - die Menschheit, nicht bloß
> begünstigte Einzelne. Dies - zusammen mit den drama-
> tischen Ereignissen der englischen Revolution - ver-
> half dazu, den rückwärtsgewandten Blick zu einem
> Goldenen Zeitalter, einem verlorenen Paradies zu
> transformieren in eine Hoffnung auf ein besseres Le-
> ben hier auf der Erde, erreichbar durch menschliche
> Anstrengung.

Bacons Schüler Comenius hoffte, "den Menschen zum
verlorenen Abbild Gottes zu erneuern, d.h. zur verlorenen Vollkommenheit des freien Willens, der in
der Wahl des Guten und der Zurückweisung des Bösen
besteht." Comenius wollte die Menschen dazu bringen,
"die Seiten des liebenswerten Buchs der Welt umzu-
wenden anstatt die toten Bücher." In einem Staat,
dachte er, sollten keine Könige herrschen. 1641 wurde er nach England eingeladen von einer Gruppe par-
lamentsfreundlicher Männer, die auf eine drastische
Reform des englischen Erziehungswesens hofften.[72]

While their hands were busy in overturning the old
order of things, their brains were equally occupied
with new schemes for the present and visions for the
future.[72a]

Die These des Puritanismus "For Doers Only" muß also auch auf

die Wissenschaft und das Wissenschaftssystem angewandt werden.

Der p l ö t z l i c h e n   E i n s i c h t   in der Wissen-

schaft wird nunmehr ein Rang zuteil, der zuvor der O f f e n -

b a r u n g   zukam, die auch Sache des Augenblicks ist.[73] Die

Funktion der Träume und Vision in "science" und "religion" ist

zur Recht hervorgehoben worden: sie spielt bei den Puritanern

eine ebensolche Rolle wie bei Descartes oder im Gedankenex-

periment Galileis.

Somit äußerte der Puritanismus einen neuen wissenschaftlichen

Geist, der sich offensichtlich von der skeptisch-traditiona-

listischen Zurückhaltung eines John Donne unterscheidet. Hatte

doch Donne in seinem Gedichtbrief an die Gräfin von Huntingdon

die Zeilen geschrieben:

Who fragrant transitory Comets sees,
Wonders, because they are rare: but a new Starre
Whose motion with the firmament agrees,
Is miracle for there no new things are.[74]

Für die puritanische Wissenschaft kann es durchaus neue Dinge

geben, sowohl in der Natur als auch in der Gesellschaft, dann

nämlich, wenn die Reorganisation des menschlichen Lebens von
der Gotterfülltheit des Universums ausgeht und ohne Furcht auf
occasionalistische Retuschen durch göttliche Aktion an die Arbeit geht.

II. 3. Wie angedeutet, haben als Repräsentanten dessen, was
sich mit dem Geist der Hohen Schule Herborn verbindet, sowohl
Johann Heinrich Alsted als auch Jan Amos Comenius auf den englischen Bürgerkrieg gewirkt, in erster Linie auf das neue Bil-
dungs- und Wissenschaftsprogramm, sodann aber auf die Hoffnung,
die man in England wie in Herborn in den Weg des Lichtes setzte, auf die Begründung des Milleniums. Die historische Merk-
würdigkeit will es so haben, daß zunächst Comenius mit der
wissenschaftsbegeisterten Gruppe der Parlamentsfreunde in Be-
rührung kam. Im Jahre 1641 traf Comenius in England ein, er
blieb dort bis zum Sommer 1642. In den Jahren 1642 und 1643
finden sich dann die Übersetzungen zweier Werke Alsteds ins
Englische. Sie erschienen in London: The Worlds Proceeding Woes
and Succeeding Joyes (London 1642) und The Beloved City Or,
The Saints Reign on Earth A Thousand Yeares (London 1643).

William Burton (1609-1657) übersetzte J. H. Alsteds *Diatribe*
ins Englische. Er war ein in Oxford ausgebildeter Gelehrter,
der dort seit 1625 dem Queen's College angehörte, später in
Gloucester Hall als Griechischdozent wirkte und gegen Ende
seines Lebens in London zu Hause war. Burtons Leben war be-
wegt: er wechselte von der Universität in verschiedene Schul-
stellen. Er gilt als brillianter Topograph Londons und als
erstklassiger Latinist.[74a] Im Widmungsschreiben von *The Beloved City* an Sir John Cordwell formuliert Burton ein hohes
Lob für Alsted, aus welchem sich die Berühmtheit des Herborner
Philosophen und Theologen klar abzeichnet:

> The author is of generall repute among us for lear-
> ning, as any late Writer we have received from be-

108

yond the Seas these many years...[74b]

Burtons Hochschätzung der Alstedschen Schrift führte ihn zur
Übersetzung, weil er die Gedanken des Herborners als erhellend
betrachtete für "God's Englishmen":

> I thought that Gods people... might reape some bene-
> fit and fruit thereby: And this is the maine cause,
> that I have made it publique.[74c]

Als im November 1640 das Long Parlament nach einer elfjähri-
gen Pause zusammentraf, mißbilligten die puritanischen Commons
alle Aspekte der Stuart-Politik, darunter auch die Bildungs-
und Kirchenorganisation. Das Parlament beabsichtigte das Pa-
tronagesystem ebenso abzuschaffen wie die Monopole und die
Episkopalkirche. Alle Ziele vereinten sich in der V i s i -
o n einer neuen Gesellschaft, die im ganzen Bürgerkrieg immer wieder thematisch wurde. Als Philosophen dieser Vision
gelten drei Persönlichkeiten: John Dury, Samuel Hartlib und -
Jan Amos Comenius.

Im englischen Landadel setzte sich eine Bewegung durch, die
für die Dezentralisation im Lande eintrat sowie für die Lai-
sierung in geistlichen und kirchlichen Angelegenheiten. Den
Regionen sollte ihre alte Dignität zurückgegeben werden. Man
wollte zugleich die steckengebliebene Reformation vorantreiben
und mit ihr ein Muster puritanischer Erziehung und Bildung
fordern. Alle Arten von Schulen sollten entstehen: Grammar
Schools und Akademien, aber auch Elementarschulen, so daß alle
Engländer in den Vorteil einer wahren christlichen Erziehung
kommen konnten. Es gab eine große Anzahl von Vorschlägen für
lokale Akademiegründungen[75], von denen das Projekt des College
in Durham besonderes Aufsehen erregte.

Um eine solche Kulturrevolution ins Werk zu setzen, nahm das
englische Parlament 1641 Kontakt mit Comenius auf. Dieser Kontakt lief über den ostpreußischen Emigranten Samuel Hartlib[76],

ein Wissenschaftler und Bildungsenthusiast, der eine riesige
Korrespondenz mit der europäischen gelehrten Welt führte, sich
aber zugleich stets bemühte, faktische Wissenschaftsförderung
ins Werk zu setzen. Der mit Samuel Pepys und Robert Boyle be-
freundete Hartlib engagierte sich für nützliche Tätigkeiten,
karitative Einrichtungen sowie für die Propagierung anwendba-
ren Wissens.

Samuel Hartlib war eng befreundet mit John Dury. Dury, schot-
tischer Herkunft, in Leiden erzogen und früh im Kontakt mit
Greham College, verband sich mit Robert Boyle, Comenius und
Hartlib zugunsten eines Programms, das calvinistische Religiosität mit den Baconischen Zielen verknüpfte – eine Standard-
konstellation für das 17. Jahrhundert in England, die seit dem
Bürgerkrieg immer wieder hervortritt, wenn auch zuzeiten mit
verschieden gesetzten Akzentuierungen. Über die Beziehung zwischen Hartlib, Comenius und ihm selbst schreibt Dury:

> I meane Master *Comenius*, Mr. *Hartlib*, and my selfe:
> For though our taskes be different, yet we are all
> three in a knot shareres of one anothers labours,
> and can hardly bee without one anothers helpe and
> assistance....[76a]

In seinen utopischen Vorstellungen war Hartlib vor allem von
Johann Valentin Andreaes *Christianapolis* (1619)[76b] beeinflußt
worden. Andreae hatte mit seiner theokratischen Utopie, die
auch Wissenschaftsreorganisationen umfaßte, auf Bacon und auf
Comenius gewirkt.[76c] Die Betonung lag hier auf der Wiederherstellung des Paradieses – zu Beginn des Dreißigjährigen Krieges –. Andreae kombinierte den göttlichen Apokalypsegedanken
mit menschlichem Fortschritt, ging dabei aber mehr topisch als
methodisch-dynamisch vor.

Es ist an diesem Hinweis auf Wechselwirkungen schon erkennbar,
wie dicht die Netze der intellektuellen Gruppen in dieser Zeit
veranschlagt werden müssen. Das gilt auch für den Bezug Come-

nius und Bacon:

> Comenius thought Bacon's *Instauratio Magna* 'the most
> instructive philosophical work of the century now
> beginning.' To Bacon 'we owe the first suggestion
> and opportunity for common counsels with regard to
> the universal reform of the sciences.'[76d]

Comenius' Gruppe entwickelte eine Pädagogik des "advancement
of universal learning":

> During the 1640's Hartlib became the centre of a small
> but active circle pledged to the dissemination of
> science, the reform of schools and universities, and
> the improvement of technology, the achievement of
> full employment, the discovery of a universal lan-
> guage and union of the churches.[76e]

Melvin J. Lasky hat diese Aufbruchstimmung plastisch beschrieben:

> Day is breaking, the dawn is here, all things will
> soon be bright. Throughout the 1640s and well into
> the 1650s, hopes ran high for the children of light
> who were holding out against the forces of darkness.
>   [76f]

Hartlib hat diese neue Zeit, von der er und seine Freunde be-
geistert waren in der Hoffnung auf das, was für die Menschen
nunmehr erreichbar war, mit den folgenden Worten charakterisiert:

> Yet now behold we live, and instead of desolation,
> the breaches of the old are repaired, instead of
> confusion, the foundations are laid for many Gene-
> rations to build upon, and instead of fears a great
> doore is opened to us, that we shall be firmly and
> fully setteled in all abundance of peace and truth.
>   [76g]

Schon 1637 veröffentlichte Hartlib das wissenschaftliche und
politische Reformprogramm des Comenius *Praeludia* in Oxford[76h],
ein Faktum, dem Überlegungen zwischen John Pym, Dury und Hart-

lib wegen der erwähnten Einladung an Comenius vorausgegangen
waren.[76i] Pym gehörte zu den leidenschaftlichen Befürwortern
der neuen Wissenschaft, deren Begriff bei Comenius und bei Bacon (Novum Organum) zu finden war. Milton hat Hartlib in seinem Widmungsschreiben zu On Education (1644) ein hohes Lob
ausgesprochen. Er selbst - Hartlib - zielte im Sinne seiner
Freunde und Vorbilder auf eine dreifache Umwandlung der Gesellschaft:

(1) durch Wissenschaft,

(2) durch Bildungs- und Sozialreform;

(3) durch ein utopisches Modell von Freiheit, Frieden und Wohlstand.

Diese Darlegungen zeigen schon, daß es im England des 17. Jahrhunderts keine durchgängigen strikten Trennungen zwischen Apokalyptik, Utopie, reformatorischer Theologie und neuer Wissenschaft gibt. Übergänge zwischen diesen Denk- und Ausdrucksfor-
men waren dabei ebenso an der Tagesordnung wie Ab- und Aus-
grenzungen. Der Kronzeuge reformierter Theologie, Johannes Calvin, lehnte etwa apokalyptische Zahlenspekulationen zur Bestimmung des Weltendes ab. So bemerkt Calvin in seinem Daniel-
Kommentar zu Dan. 12.12:

> Im Rechnen bin ich kein Pythagoras, und wer diese
> Stelle gar zu spitzfindig auslegt, gerät in aller-
> lei kindische Spekulationen und darunter leidet die
> Würde der Weissagung.[76j]

Alsted und Mede hatten sich an dieses Diktum des großen Refor-
mators nicht gehalten, sondern ihr Weltbild an dieser Stelle
über den theologisch-philosophisch lizensierten Rahmen hinaus
erweitert.

Der Puritanismus, entstanden aus der Auseinandersetzung mit
Calvins Idee der Reformation, hat demnach zwischen der Apokalyptik und der neuen Philosophie und Apokalyptik oszilliert.

Das ist deshalb interessant, weil die strenge Apokalyptik mit
ihrem völligen Vertrauen auf die Aktion Gottes mit der Recht-
fertigungstheorie Calvins übereinkommt.[76k] Die Härte des Calvinschen Protestantismus liegt gerade in der illusionszerstö-
renden Grundüberzeugung, daß den Menschen an die Hand gegeben
ist, um den Gnadenstand wieder zu erreichen, wie dies *Institutio*, III, xi, 2 formuliert wird:

> A man is said to be justified in the sight of God
> when in the judgement of God he is deemed righteous,
> and is accepted on account of his righteousness; for
> as iniquity is abominable to God, so neither can the
> sinner find grace in his sight, so far as he is and
> so long as he is regarded as a sinner ... a man will
> be *justified by faith* when, excluded from the right-
> eousness of works, he by faith lays hold of the right-
> eousness of Christ, and clothed in it appears in the
> sight of God not as a sinner, but as righteous.[761]

Der Gedanke an die Wiedergewinnung des Paradieses vollzog sich
daher, wie Keith Thomas herausgearbeitet hat, in zwei Formen:
in der *apokalyptischen* aber auch in der *utopischen*. Während
die utopische Form von menschlicher Intelligenz und Arbeit ausgeht als Bedingungen der Restitution eines Gottesreichs auf
Erden, so daß Wissenschaft hier ihre Stelle bekommt, bedeutet
die Apokalyptik eine Wiederherstellung des Paradieses auf Erden durch Gott. Die Utopie redet dagegen von einer imaginären
Gesellschaft, existent, aber fern, welche ohne die Mängel der
zeitgenössischen europäischen Gesellschaft beschrieben wird.
– Doch man müßte die Reflexion über das Verhältnis von Utopie
(Restitution des Paradieses) und reformierter Theologie noch
tiefer legen. Die Rechtfertigungslehre schließt Werkgerechtigkeit aus. Werkgerechtigkeit ist aber eine Sache des Vorsatzes,
des Voluntarismus, des Guttuns in bezug auf andere, um willen
einer Belohnung. Genau dies sollte Kant später Heteronomie in
der Moral nennen. Das Eigeninteresse regiert den christlichen
Altruismus und verfehlt so die Reinheit der religiösen Inten-

tion. Die Intelligenzleistung und Arbeitsamkeit der Reformierten schließt aber gerade diesen Werkgerechtigkeitsaspekt
aus und erhebt Fleiß, Demut, Genügsamkeit zu Selbstzwecken,
die als Derivate der grundsätzlichen Glaubenseinstellung ge-
lesen werden müssen. Es liegt nahe, präzise diesen Punkt als
Reaktionsstelle zwischen reformierter Theologie und dem Programm der Instauratio Magna zu sehen. So heißt es im Vorspann
zu Calvins *Genfer Katechismus* (1545):

> (Gott) hat uns ... dazu geschaffen und in die Welt
> gestellt, daß er in uns verherrlicht werde. So ist
> es doch auch billig, daß wir zum Dank unser Leben,
> das aus ihm seinen Ursprung nahm, auch zu seiner
> Verherrlichung führen.[76m]

Wie schon erwähnt, haben sich die pädagogischen Konzepte der
Reformierten sehr eng an diese Geistigkeit gehalten. Hartlib
orientierte sich ja an der Schrift *Christianapolis* von Andreae[77] bei seiner Abfassung von *Macaria*: hier skizzierte er
die verschiedensten Innovationen, vor allem die Idee der Volks-
erziehung, Gedanken zur Modernisierung des Infrastrukturwe-
sens, ja vollends zu einer christlich ausgerichteten Gesamt-
Rationalisierung der Gesellschaft.

Die Kirche in England war unter Karl I. "von oben" reformiert
worden: man hatte die hierarchische Spitze gestärkt, aber das
Land gleichsam geistig und seelisch veröden lassen. Die neuen
Männer beschworen aber die Erneuerung des kirchlichen Lebens
sowie das Programm der Laienbildung. Die Schüler und Studenten
sollten in der Landessprache, nicht Lateinisch unterrichtet
werden, sie sollten sich mehr um die D i n g e als um die
W ö r t e r kümmern.[78] In diesem Ansatz überschnitten sich
die Reformer wie Hartlib und Dury mit den Ansichten Bacons[79]
und mit den Gedanken John Miltons, wie er sie 1644 in einem
Brief an Hartlib äußerte: Milton zollt den Akademieplänen hohes Lob. Er selbst forderte eine vollkommene und großzügige

Erziehung, die den Menschen in den Wissenschaften so tüchtig
macht wie im Alltagsleben.

> The end, ..., of learning is, to repair the ruins
> of our first parents by regaining to know God aright,
> and out of that knowledge to love him, to imitate
> him, to be like him, as we may the nearest, by pos-
> sessing our souls of true virtue, which, being uni-
> ted to the heavenly grace of faith, makes up the
> highest perfection. ... I call, ..., a complete and
> generous education, that which fits a man to perform
> justly, skilfully, and magnanimously all the offi-
> ces, both private and public, of peace and war.[80]

Für Milton sollte das Curriculum mit der Grammatik beginnen,
sodann aber Wert auf Wissenschaft und moralische Bildung legen. In der Wissenschaft rangiert Mathematik zuoberst, es folgen die angewandten Naturwissenschaften: Geographie, Naturphilosophie, Physik, Technologie und Medizin. Erst danach führt
Milton die praktischen Kulturwissenschaften auf. Das Ziel der
Ausbildung deckt sich bei Milton - wie auch bei Comenius - mit
der Intention Alsteds "eine universale Einsicht in die Dinge
... (in einem) methodischen Kursus müssen ... (die Studenten)
voranschreiten durch den stetigen Fortschritt des Lernens,
..."[81]. Die Parallelität der Miltonschen und der Comeniani-
schen Bildungskonzepte ist verblüffend[82]. Die Übereinstimmung
zwischen Milton und Comenius sowie zwischen Comenius und Hartlib nehmen in diesem Sinne ein erstaunliches Maß an. So schrieb
Hartlib an Comenius: "Come, come, come: it is for the glory of
God: deliberate no longer with flesh and blood."[82a]

Hartlib konzentriert sich in seiner *Macaria* auf ein wohlgeord-
netes Staatswesen, in dem Friede, Wohlstand und Glück herrschen, ein egalitäres System der Gesundheitsvorsorge einge-
richtet wird sowie eine rationalisierte und einträgliche Ökonomie, die ihre Überschüsse sozialisiert.

For if Husbandry and Trade at home and abroad be
well-regulated, all hands may be Employed, and where
all hands are at work there the whole strength of a
Nation doth put forth its endeavours.[82b]

Arbeitsbetonung, und zwar in systematischer Form, findet sich
entsprechend bei Comenius. Früh sollen die Kinder zum Lernen
und Arbeiten erzogen werden: nach dem Ideal des Comenius sollte die Schulerziehung bis zum 18. Lebensjahr koedukativ betrieben werden, danach sollten die begabtesten Schüler für
sechs Jahre die Universität beziehen, also keineswegs ein 4+
Studium absolvieren.[83] Comenius hat dabei immer wieder auf die
Querbeziehung von Wissen und Praxis gedrängt. Damit traf er die
Absichten des englischen Parlaments haargenau. In seiner *Scho-
lae pansophiae delineatio* schreibt Comenius:

> Dem Wißbaren ist das Ausführbare beizufügen, in dem
> die Unsrigen geübt werden sollen, das heißt, der
> Kenntnis der Dinge ist die Aktivität der Handlungen
> anzuschließen. Ohne diese würde auch ein Sachkenner
> unter den Sachen sich ungeschickt bewegen, der der
> Kunst Unkundige würde für untüchtig angesehen werden
> und dadurch für die Geschäfte des Lebens unbrauchbar
> erscheinen. Damit den Schülern der pansophischen
> Schule dies nicht begegne, so wird sie für diese her-
> vorragende Aufgabe das beifügen, daß keiner, der
> hierher geschickt worden ist, entlassen wurde, der
> nicht in den Handlungen, welche eine eigene Umsicht
> erfordern, wohlgeübt sei. Damit unsre Leute an die-
> sen Übungsorten nicht für die Schule, sondern für's
> Leben lernen, so sollen von hier hervorgehen Jüng-
> linge, tätig, zu allem bereit, geschickt, fleißig,
> Leute, denen dereinst jedes Geschäft des Lebens si-
> cher anvertraut werden kann.[84]

Bei der Kontaktaufnahme Hartlibs mit Comenius stand das Par-
lament zustimmend im Hintergrund. Comenius hatte schon einige
Jahre vorher sein Manuskript der "Christlichen Pansophie" an
Hartlib geschickt[85], das er dann 1637 in Oxford veröffentlich-
te. Das genaue Datum des ersten Kontakts zwischen Hartlib und
Comenius fällt in das Jahr 1633.[86]

Die schulreformerischen Schriften des Comenius schürten hohe
Erwartungen in England, so daß Comenius gebeten wurde, nach
London zu kommen mit Unterstützung einflußreicher Leute, zu
denen auch John Pym gehörte. Comenius war die Aufgabe zuge-
dacht in England Pläne für ein pansophisches College auszuar-
beiten, was er auch tat, nachdem er im September 1641 englischen Boden betreten hatte. In London bereitete man ihm einen
feierlichen Empfang.[87] Später hat Comenius seine Entwürfe zu
diesem Institut zur Förderung universalwissenschaftlicher Studien in seinem Buch "Via Lucis" publiziert. Comenius wollte
für sein Institut Lehrkräfte aus der ganzen Welt heranziehen:
die klügsten, die fleißigsten, die engagiertesten und die
frömmsten Pädagogen sollten an der pansophischen Akademie tätig werden.[88]

Die Beziehung des Comenius zur Wissenschaftstheorie der Zeit
lagen deutlich zutage: da war zunächst das Alstedsche Erbe.
Hinzu kam, daß Comenius Affinitäten zum englischen Baconianismus besaß. Für die Pläne zum pansophischen College ging er wie
sein Lehrer Alsted von der Einheit des Wissens aus, ebenso vom
Gedanken, daß der Mensch sich zum "imago Dei" erheben müsse.[89]

Sehr intensiv wird stets bei Comenius der Gedanke der Entsprechung betont: Wahrheit der Dinge und Harmonie zwischen den
Dingen entsprechen sich, weil alles Sein und alles Erkennen
nur eine einzige Quelle besitzt, nämlich Gott. Folglich kann
Weisheit nur göttliches Licht sein: "Erkenntnisharmonie war
zugleich Harmonie der Welt, Wahrnehmung und Gedanken waren
theologisch garantiert, die Welt war insgesamt Offenbarung:
Eine Einläßlichkeit Gottes in die Welt, in der alles immer nur
auf IHN zeigte."[89a]

Alles Wissen muß gemeistert, dann aber unter die Menschen gebracht werden, ein Unternehmen, das zur Voraussetzung den Frieden unter allen Protestanten hatte. Allem Anschein nach war
Comenius der letzte große Denker, der eine allumfassende Syn-

these des Wissens versuchte, um diese dann auf das menschliche Leben zu übertragen.[90] Entsprechend fiel Comenius Liste der Wissenschaften und der zu schreibenden Handbücher aus. Die Handbücher reichten von Spezialdidaktiken bis zur Enzyklopädie der Sinne, ja bis zur allumfassenden Pansophia selbst.[91] Comenius parallelisierte das Wissen mit seiner Didaktik als dem Methodencorpus zum Wissenserwerb: mit der Einsicht in die Pansophie geht die Heraufkunft des Milleniums einher.

So läßt sich behaupten, daß der Baconianismus durch Comenius in eine Lichtapokalyptik verwandelt wurde. Comenius verband göttliche Offenbarung und Sozialethik im Sinne eines Prinzips Hoffnung. Man kann aber auch andersherum sagen: der Baconianismus erfuhr durch Comenius eine biblische Sanktionierung.[92] Diese Denkform der Kombination faktischer Wissenschaft mit der Apokalyptik war um 1640 eine Epochensignatur. Ähnliches finden wir bei Kepler oder bei Henry More.[93] Allerdings blieb ein solches Ineinanderübergehen nicht Muster für Veränderungsvorstellungen im späten 17. Jahrhundert. Die "dissociation of sensibility" (T. S. Eliot) machte auch vor dem Bezug zwischen Imagination und Naturwissenschaft nicht halt, verengte die methodisch-theoretische Lichtung zur Schneise, die für lange Zeit ein Effektivitäts- und damit Erfolgs-Surplus verbuchen konnte, solange die begleitenden Negativitäten oder Folgelasten nicht bemerkt wurden.

Comenius in England - zu diesem historischen Faktum liegt seit den editorischen und wissenschaftshistorischen Mühen F. R. Youngs wichtiges Material vor, besonders in den Tagebüchern des Comenius, die erstmals von Kvačala 1913 in Petersburg veröffentlicht wurden. - Der genaue Aufenthalt von Comenius in England erstreckte sich vom 21. September 1641 bis zum 21. Juni 1642. Wie mehrfach hervorgehoben, setzte sich die Hartlib-Gruppe besonders für Comenius ein: Samuel Hartlib aus Elbing, Theodore Haak aus der Pfalz, Joachim Hübner aus Kleve sowie

der englische Mathematiker John Pell. Diese Gruppe propagierte
die Einrichtung eines Baconian College - und fand Unterstützung
bei wichtigen Mitgliedern des House of Commons und des House
of Lords: Dr. John Williams, Bischof von London; Archbishop
Usher; John Selden (von Milton in der *Areopagitica* als gelehr-
tester Parlamentarier Englands gepriesen), der legendäre John
Pym; Robert Greville, 2nd Lord Brooke sowie Sir Cheney Culpe-
per.

An Collegeplänen hat Comenius während seiner englischen Zeit
gearbeitet: in London verfaßte er sein Buch *Via Lucis,* das
erst viel später erschienen ist. Insgesamt begünstigte sein
Aufenthalt die Gründung des *Invisible College* durch Theodore
Haak um etwa 1645, eine Institution als informeller Gruppe,
welcher die Qualität einer Vorgängerin der Royal Society zu-
gesprochen werden muß.

Comenius' Grundidee für den Aufbau eines Wissenschaftsinsti-
tuts war von Alsteds Enzyklopädismus beeinflußt, wie das Tage-
buch des Comenius belegt:

> if it seemed good that the words of a language should
> be learnt through the guidance of things, it were
> better that things themselves should be taught
> through the guidance of words already foreknown, that
> is, that, when by the help of my *Janua Linguarum*
> youth hath learnt to distinguish things from out-
> side, it should thence become accustomed to explore
> that which lieth within things, and so comprehend
> what each thing is in its essence.[93a]

Der Enzyklopädiegedanke wird von Comenius im Verlauf seiner
Argumentation noch deutlicher zum Ausdruck gebracht, wenn er
schreibt:

> Of highest use, ..., I deemed would be some general
> book which though single, should so exhibit all
> things necessary, that nought could rest to our
> shame unknown. And in the matter of order it should
> be so continuous from beginning to end that nothing

should be overshadowed by aught else, but everything
stand plain and susceptible of being seen aright and
thoroughly perceived. Lastly that it should be of a
truth concerning all and sundry things so accurate
that neither in theory and contemplation, nor in
practice and effect, nor in wont and usage might
aught in the matter itself lead to error; but that
things as they are in themselves, conceptions of
things as they come to be in the mind, and words as
they are the vehicles of meanings from mind to mind,
should be everywhere defined and adjusted one toward
another.[93b]

Spätestens seit 1634 stand Samuel Hartlib in Kontakt mit Comenius[93c]. Hartlib war es, der im Jahre 1637 Comenius Schrift
Praeludia Conatuum Pansophicorum Comenii in Oxford veröffentlichte, ein Unternehmen, das nicht ohne Überwindung von Wider-
ständen und Schwierigkeiten zu einem guten Ende geführt werden
konnte. - Die Baconsche Idee des Teamwork wird von Comenius
auf die Enzyklopädieherstellung angewandt: koordinierte For-
schungsarbeit, das kritische Sammeln und Herbeitragen von Kenntnissen vermag seines Erachtens allein solch ein umfängliches
Projekt zu realisieren. Im Voraussetzungsbereich ist immer
wieder die Logik des Raimundus Lullus zu verorten als Schlüssel für die Verknüpfung aller Wissenschaften, was ebenso für
J. H. Alsted zutrifft, dessen wissenschaftstheoretische Überlegungen von Lullus ausgingen. - Die Kollektivität der Forschung gehört zu diesem Projekt ebenso wie die Temporalisie-
rung der besseren Erkenntnisse in der Folge der Zeit als Fortschritt des Erkennens oder als gradweise ansteigende Vollstän-
digkeit des Wissens.

Consequently there would have to be founded at this
juncture a college such as the illustrious Bacon de-
sired, dedicated to all the studies of the world, of
men whose care was to bring about augmentations,
worthy of the human race, in the sciences and arts.
[93d]

Die Einladung an Comenius nach England zu kommen, wurde von

Hartlib übermittelt. Im Jahre 1641 konkretisierte sich dieser
Plan, nachdem die Akademie von Leszno (Polen), an der Comenius
wirkte, dessen Beurlaubung gewährt hatte:

> And so I gave myself to the journey, and on entering
> London on the day of the autumn equinox I learnt at
> length the truth: I had been summoned by command of
> Parliament.[93e]

Diese Einschätzung durch Comenius entsprach nicht ganz den Tatsachen, war für ihn aber offenbar nicht einfach zu durchschau-
en. Nicht das Parlament hatte ihn eingeladen, sondern eine ein-
flußreiche Gruppe von Parlamentariern beider Häuser.

Die Pläne, die Comenius in die Tat umsetzen sollte, traten
nicht in das Stadium der Verwirklichung. Die politisch unsi-
chere Lage in England ließ die Errichtung einer neuartigen
Wissenschaftsorganisation nicht zu. Dennoch muß der Besuch des
Comenius als bedeutsam betrachtet werden, lieferte er doch einen unmittelbaren Impuls, die pansophischen Konzepte und damit
indirekt Alsteds enzyklopädische Bemühungen in England auf
festen Boden zu stellen. Die Zeiten waren nicht so friedlich,
wie der Umriß der *Pansophia* dies erforderte: sollte doch der
Ausgleich der Bekenntnisse ein Reich des Friedens begründen,
ein Millenium, in welchem auch die Wissenschaft als Gottesdienst höchster Anerkennung sicher sein konnte.[93f] Dieser Gedanke der vollkommenen christlichen Gesellschaft entstand neben den Ideen eines bloß religiösen Reichs und dem puren Reich
der Fakten. Der christliche Gedanke wurde so besetzt, daß man
aus ihm eine Einigung Europas zu gewinnen hoffte, wohingegen
die faktische Einheit Europas - so politisch antagonistisch
sie im Staatensystem auch ausfallen mochte - später durch die
szientifisch-ökonomische Modernisierung zustande kam.[93g]

Pläne im Zusammenhang mit Comenius, das Chelsea College oder
andere Institutionen wie etwa das Winchester College zum Wis-

senschaftscollege um- und auszubauen, kamen nicht voran, weil
der Aufstand in Irland die Aufmerksamkeit konzentrierte. Comenius schrieb in London seine Entwürfe unter dem Titel *Via
Lucis* nieder, einen Text, den er 1668 in Amsterdam publizier-
te und der Royal Society widmete. - Schon im Sommer 1642 verließ Comenius England, nicht ohne seinen dortigen Freunden
versprochen zu haben "(to) proceed to search into the very
mine of things real. For this is what is expected of us - a
new, solid, and time-defying analysis of reality:..."[93h] Diese Aussage des Comenius hat Leitwert für die Wissenschafts-
und Geistesgeschichte Englands in der zweiten Hälfte des 17.
Jahrhunderts. Die Aussage kann aber auch als Kriterium der Beurteilung von Comenius' Leistung selber gelten. Wichtig bleiben die Impulse, welche die Engländer über ihren "common sense"
in praktikable Verfahren und Organisationsformen verwandelten.

Die chiliastischen Hoffnungen waren in den Auftraggebern des
Comenius so intensiv wie in ihm selbst. Comenius sollte nicht
das Goldene Zeitalter planen, sondern einen geistig-geistli-
chen Rahmen für die Reformation des Menschen. - Sein pansophisches College, Derivat des House of Solomon, wurde nach seinem
Wirken auf der Insel zur englischen Idee. Zwar liefen die Vorbereitungen zur Gründung an, doch die Irische Rebellion von
1641 machte die Realisierung zunichte. Überhaupt ist diese Phase der englischen Geschichte vor Eintritt in den Bürgerkrieg
besonders kritisch gewesen.[94a] Comenius wurde hingehalten,
weil das Parlament sich vertagte, harrte auch selbst aus, doch
die Parteien des Bürgerkriegs formierten sich unterdessen. In
England stand die große Revolution bevor. Es war jetzt keine
Zeit, große Bildungsinstitutionen einzurichten. Der Wissens-
eifer der Engländer in dieser Zeit bleibt unerachtet dessen
unbestritten. So schrieb Comenius am 8. und 18. Oktober 1641
an seine Freunde in Leszno:

They are eagerly debating on the reform of schools

in the whole kingdom in a manner similar to that, as
you know, my wishes tend, namely that all young
people should be instructed, none neglected.[94b]

Die Bemühungen anderer um Comenius konnten ihn aber nicht in
England halten: er verließ die Insel am 21. Juni 1642. Noch in
seiner *Pampaedia* von 1657 vertrat er den "englischen" Akade-
miegedanken:

> Ich will hier nicht weiter daran rühren, wie nötig
> eine Schule der Schulen, eine Akademie ("collegium
> didacticum") irgendwo gegründet werden sollte, oder,
> wenn dafür keine Hoffnung besteht, doch unter den Ge-
> lehrten, die auch damit der Ausbreitung des Gottes-
> lobs sich widmen wollen, in heiliger Überzeugung,
> wenn auch in leiblicher Trennung, unterhalten werden
> müßte. Ihre vereinigte Arbeit müßte dahin zielen,
> die Grundlagen der Wissenschaften mehr und mehr auf-
> zudecken, um das Licht der Weisheit zu läutern, es
> glücklich und erfolgreich über die Menschheit aus-
> zubreiten und die Lage der Menschen durch neue,
> nützliche Erfindungen immer weiter zu verbessern.
> Denn wollen wir nicht immer auf derselben Stelle
> treten oder gar Rückschritte machen, so müssen wir
> stets den Fortgang des wohl Begonnenen bedenken. Weil
> dazu aber weder ein einzelner Mensch noch ein ein-
> ziges Zeitalter hinreicht, müssen mehrere mit- und
> nacheinander das Begonnene fortsetzen. Dieses all-
> gemeine Kollegium würde für die übrigen Schulen
> sein, was der Magen für die Glieder des Körpers: ei-
> ne Lebenswerkstätte, die ihnen Saft, Kräfte und Le-
> ben zuführt.[94c]

Wenn Comenius auch nicht nach England zurückkehrte, so blieben
seine Gedanken lebendig, die allerdings in den Folgejahren in
England - nicht zuletzt durch Einfluß des "common sense" - ab-
geändert wurden. Oliver Cromwell setzte sich im Jahre 1650 er-
folgreich für die Errichtung von *Durham College* ein, das auch
in der Tat bis 1660 existierte. In Durham College trieb man
geisteswissenschaftliche wie naturwissenschaftliche Studien.
In einem Schreiben Cromwells an den Speaker des Parlaments vom
11. März 1650 begünstigt er die Einrichtung in Durham:

TO THE RIGHT HONOURABLE WILLIAM LENTHALL, ESQUIRE,
SPEAKER OF THE PARLIAMENT OF THE COMMONWEALTH OF
ENGLAND:
THESE

Edinburgh, 11th March 1650.

Sir, - Having received information from the Mayor
and Citizens of Durham, and some Gentlemen of the
Northern Counties, That upon their Petition to the
Parliament, 'that the Houses of the late Dean and
Chapter in the City of Durham might be converted into a College or School of Literature,' the Parliament was pleased in May last to refer the same to
the Committee for removing Obstructions to the sale
of Dean-and-Chapter Lands, 'to consider thereon, and
to report their opinion therein to the House': Which
said Committee, as I am also informed, have so far
approved thereof as that they are of an opinion That
the said Houses will be a fit place to erect a College or School for all the Sciences and Literature,
and that it will be a pious and laudable work and of
great use to the Northern parts; and have ordered
Sir Arthur Haselrig to make report thereof to the
House accordingly: And the said Citizens and Gentlemen having made some address to me to contribute my
assistance to them therein:

To which, in so good and pious a work, I could
not but willingly and heartily concur. And not knowing wherein I might better serve them, or answer
their desires, than by recommending the same to the
Parliament by, Sir, yourself their Speaker, - I do
therefore make it my humble and earnest request that
the House may be moved, as speedily as conveniently
may be, To hear the Report of the said Committee
concerning the said Business, from Sir Arthur Hasel-
ring; that so the House, taking the same into con-
sideration, may do therein what shall seem meet for
the good of those poor Countries.

Truly it seems to me a matter of great concern-
ment and importance; as that which, by the blessing
of God, may much conduce to the promoting of learning and piety in those poor rude and ignorant parts;
- there being also many concurring advantages to
this Place, as pleasantness and aptness of situation,
healthful air, and plenty of provisions, which seem
to favour and plead for their desires therein. And
besides the good, so obvious to us, "which" those
Northern Counties may reap thereby, who knows but
the setting on foot this work at this time may suit
with God's present dispensations; and may, - if due
care and circumspection be used in the right consti-

tuting and carrying-on the same, - tend to, and by
the blessing of God produce, such happy and glorious
fruits as are scarce thought on or foreseen!
Sir, not doubting of your readiness and zeal to
promote so good and public a work, I crave pardon
for this boldness; and rest, your most humble serv-
ant,

OLIVER CROMWELL.

94d

Nach seiner Rückkehr auf den Kontinent und nach dem Unglück
von Leszno (Polen) erhielt Comenius nochmals eine Einladung,
nach England zu kommen. Diesmal stand Cromwell hinter dem Projekt. Doch Comenius lehnte ab.

Die Ideen Comenius' wurden im Hartlib-Zirkel und darüberhinaus
in England weitergetragen. Aus der Gruppe um Hartlib bildete
sich, wie schon angedeutet wurde, das "Invisible College". Robert Boyle und Christopher Wren gehörten in diese Gruppe hinein, die sich im Wadham College zu treffen pflegte. In dieser
Gruppe kümmerte sich die Mehrzahl der Mitglieder deutlicher
als bisher um die Naturwissenschaften. Es entstand das geistige Feld, aus dem später die Royal Society erwuchs, die es
letztendlich bewerkstelligte, einen Perspektivwechsel in der
"querelle des anciens et des modernes" durchzusetzen.[95]

Diese Entwicklungstendenz prägte sich in dem gärenden religiös-
intellektuellen Feld Englands im 17. Jahrhundert nur langsam
heraus. Im Konzert der Stimmen blieb lange und immer wieder
das Phänomen entgegengesetzter Strömungen virulent, die sich
imaginativen Vorzeichen oder rationalen Richtungen zuwandten.
Im Maße die Stuart-Politik unterlag, bildeten sich Phantasien
einer anderen Welt. Dies läßt sich - wie die folgenden zwei
Beispiele zeigen - etwa um 1641-1645 ebenso belegen wie noch
1694 bei einem millenarischen Nachzügler wie John Mason. Für
1645 hat Christopher Hill mit dem Ende der Zensur die Wiederkehr der Apokalyptik festgemacht:

As soon as the censorship broke down, Foxe's *Book of Martyrs*, which Laud had forbidden to be reprinted, circulated again; English translations and popular summaries of the works of Napier, Brightman, Mede and Alsted were published, all seeming to underpin the utopian hopes of less scholarly readers of the Bible.[96]

Für den Ende des Jahrhunderts wirkenden John Mason kam noch einmal der Gedanke einer Fixierung des Datums des Weltuntergangs als Anfang des Milleniums:

Mason ultimately came to believe that Christ's reign of a thousand years on earth would begin in 1694. This date had been fixed on by a German professor Alsted, writing from the safe distance of 1627. Alsted's writings had been translated into English in 1642 and 1643, and were known to Mason.[97]

Diese Rückbezüge zum millenarischen Alsted können nicht all das abdecken, was der Herborner Philosoph in England bewirkte – durch seine Werke sowie mittelbar durch seinen Schüler Comenius. Die in England auftretende Segregation eines neuen Wissenschaftsparadigmas, rational ausgelegt und praxeologisch reflektiert, hatte in diesem calvinistischen Geist des Kontinents bedeutsame Wurzeln. Nicht nur der Einfluß über die *Diatribe* (*The Beloved City*), auch Alsteds Wirkung über seine *Encyclopaedia* darf als weitreichend gelten. Leibniz erwog, seine Enzyklopädiepläne über Alsteds Vorbild zu realisieren, selbst in Nordamerika wurden die wissenschaftlichen Arbeiten des Herborners rezipiert: für Harvard ist das Studium Alsteds belegt – Cotton Mather hat Alsteds Leistungen gewürdigt und hervorgehoben.[98] Die englische Alsted- und Comenius-Aufnahme führt dabei immer wieder auf den Punkt der Konvergenz von Revolution und Reformation im frühen bis zum mittleren 17. Jahrhundert zurück. Die Puritaner – Vertreter dieser Konvergenz – waren mehrheitlich, vor allem die Theologen, chiliastisch gestimmt.[99]

Die Entwicklung der englischen Geistesgeschichte von 1645 bis
zur Gründung der Royal Society ist das relevante Anschlußka-
pitel an die Strömungen und Wandlungen der kritischen Phase
des Bürgerkriegs. Diese Phase führt die Anregungen der Gärungs-
zeit weiter. Dabei liegt der "crucial point" offenbar in einer historischen Entwicklung, die gekennzeichnet ist von der
nötigen Auflösung des Amalgams von Religion und Naturwissenschaft sive *Pansophia*. In der Tat konzentrierte sich hier die
außerordentliche Schwierigkeit, Problemstaus durch Zusammenschau abzubauen, ein Unterfangen, das vergeblich bleiben mußte. Insofern konnte nur ein Übergang zu rationaler Theorie-
und Methodenbildung die aus calvinistischem Geist entwickelten Enzyklopädiekonzepte ebenso verflüssigen wie dynamisieren.
Unsichtbar mußte bei diesem "Fortschreiten" zunächst bleiben,
inwiefern die Harmoniegedanken des Milleniums fortfielen und
so eine Verengung des "world picture" nach sich zogen.

> Among many theorists who participated in its elabo-
> ration, Pansophia entailed a virtual amalgamation of
> the two spiritual corps, the scientists and the min-
> isters of religion, into a single body, putting an
> end to the conflict before it assumed disastrous
> proportions.
> Two such conceptions or metaphors immediately raise
> as many questions as they answer, because they are
> antagonistic to each other and betray palpable in-
> ternal difficulties. An intellectual metaphor adop-
> ted by an age is often a passionate attempt to forge
> at least the appearance of a solution to an almost
> insoluble problem. Since the relation of science and
> religion was critical at a vital turning point in
> European culture, the verbal and imaginative struc-
> tures it created, or borrowed from previous ages and
> adapted, are worthy of examination in their own
> right. Understanding what transpired in the course
> of the century involves a bookish study of rational
> arguments, warranties from sacred texts, and emotive
> longings expressed in utopian philosophical dialogues
> and private letters. In addition to the metaphor of
> the two books and Pansophia, there was of course a
> third attitude, that of the mathematician Pascal
> turned Jansenist, the outright denial of any intrin-

sic worth to the works of science;...[100]

Dem Aufbruch der revolutionären Phantasie in England folgte die Wirklichkeit des Bürgerkriegs, in welchem 150.000 Mann unter Waffen standen.[101] Die Visionen hatten sich in vielerlei Hinsicht geäußert: im religiösen Bereich zwischen Gottesreichvorstellung und Formen des strikt calvinistischen Gemeindewesens, in Ideen neuer Wissenschaft und Praxis, letztlich in bezug auf einen protestantisch-gedanklichen wie ökonomisch-sozialen Gesamtrahmen. Die Weiterungen aus den Visionen entstanden durch Segregation von Theologie und Wissenschaft; sie führten zur Sehnsucht nach neuen Ländern und neuen Erfindungen, welche beide zudem recht handfest umrissen sein konnten. Die der neuen Gesellschaft - Utopien, Gottesreiche - reduzierten sich in dem Maße, in welchem die "middling sort" die Geschicke der englischen Gesellschaft zu lenken begann. Daher mußte sich zwangsläufig die große pansophische Idee zum Programm der "natural sciences" reduzieren, das in der Form der Royal Society seinen modernsten Ausdruck fand allerdings unter Verzicht auf den politisch-sozialen Anspruch der Pansophie. Besitzende und Wissende verbanden sich in der führenden englischen Schicht, ja immer häufiger waren "gentlemen" zugleich "scholars" und umgekehrt. Die schon von Dury und Hartlib nach der Maßgabe Bacons eingeführte Trennung von Religion und Naturwissenschaft lieferte die Modernisierung des Weltbildes. Die Ziele der *Heiligkeit* und der *Befreiung der Menschen* vom *äußeren Elend* bedeuteten in der Folge - Reform von Wissenschaft und Technik, die sich in Regeln und Vorschriften niederschlugen wie in Methodik und Ordnung.

Alltäglich nützliche und wirtschaftlich profitable Dinge sollten gelehrt werden, insofern man jeden Gegenstand theoretisch wie praktisch behandelte.[102] Autoren wie Noah Biggs und John Webster verhalfen dieser Strömung durch ihre Schriften zur Verbreitung und Anerkennung. Webster etwa begünstigte nicht die reinen Wissenschaften; er kritisierte die humanistische Richtung und stellte die Forderung auf, eine pragmatische Logik sowie eine Universalsprache zu entwickeln.

Diese Argumente sind später von Thomas Sprat und Joseph Glanvill aufgenommen worden.[103] Webster forderte neue Methoden: Comenius' grammatikfreie Methode des Fremdsprachenlernens, eine neue Syllogistik, eine Induktionslehre, Mathematik und neue Astronomie. Zugleich sollten die aristotelische Naturphilosophie und Astronomie abgeschafft werden. Von den Philosophen sollten neue und alte parallel studiert werden: Plato/ Ficino, Demokrit/Descartes und Epikur/Gassendi. Ebenso verlangte Webster eine intensive Beschäftigung mit der neuen Naturphilosophie, wie sie in den Arbeiten von William Gilbert, J. B. van Helmont und Descartes vorlag. Stets bleibt Bacons induktive Methode das methodische Muster. - In Oxford wurden Websters Anregungen Mitte der Fünfziger Jahre im Kreis von Seth Ward und John Wilkins intensiv reflektiert. Es kündigte sich schon leise an, daß in naher Zukunft das Bacon-Programm mit dem Ansatz der deduktiv-mathematischen Naturwissenschaften zur Konvergenz gebracht werden würde. Ward hat an Webster magische Implikationen gerügt, doch die Historiker und Propagatoren der Royal Society erkannten seine Leistungen an.

Schon ab 1645 hatte sich eine Gruppe experimenteller Philosophen in Oxford gebildet - ebenso wie eine weitere Gruppe in London. Sogar das Parlament richtete am 20. Juli 1653 einen Ausschuß "for the advancement of learning" ein. Thomas Sprat hat später in seiner *History of the Royal Society* die Errungenschaften des neuzeitlichen Geistes in England gefeiert:

> the peaceable calmness of Mens *Judgments* will have
> admirable influence on their *Manners*; the sincerity
> of their *Understandings* will appear in their Ac-
> tions; their *Opinions* will be less violent and dog-
> matical, but more certain, they will only be *Gods*
> one to another, and not *Wolves*;[104]

Die Entsprechung von Geist und Hand wurde nun noch stärker
hervorgekehrt, so daß sich die Transformation von den Program-
men zur wirklichen Produktion ankündigte. Von der naturwissenschaftlichen Revolution entsprang die Herrschaft über die Dinge selbst. Sprat schrieb:

> *Invention* is an *Heroic* thing, and plac'd above the
> reach of a low and vulgar *Genius*. It requires an ac-
> tive, a bold, a nimble, a restless *Mind*: a thousand
> difficulties must be contemn'd, with which a mean
> heart could be broken: many *attempts* must be made
> to no purpose: much *Treasure* must sometimes be scat-
> ter'd without any return: much violence, and vigor
> of thoughts must attend it: some irregularities, and
> excesses must be granted it, that would hardly be
> pardon'd by the severe *Rules of Prudence*.[105]

Joseph Glanvill behauptete in *The Vanity of Dogmatizing* (1661),
daß die Menschen im Paradies klarer und weiter sehen konnten
als die "post-lapsarians". So gilt ihm Adams ursprüngliches
Sehen als teleskopisch und mikroskopisch. Das heißt: die wissenschaftlichen Hilfsmittel der Neuzeit werden als Kompensa-
toren für verlorene "faculties" angesehen, die dem paradiesi-
schen Menschen immer schon zukamen. - Glanvills Ziel besteht
darin, den Skeptizismus als Reinigungsverfahren zu nutzen, um
die dogmatischen Verkrustungen und Eintrübungen des wissenschaftlichen Sehens zu beseitigen. Den unverstellten Blick auf
die Natur hält er für die Bedingung einer Wiedergewinnung des
Paradieses. Schon das zweite Widmungsgedicht zu Glanvills Buch
- verfaßt von A. Borset - hat diesen Gedanken formuliert:

> Title your Book, The *Works* of MAN;
> The *Index* of the *Vatican*;
> Call it Arts *Encyclopaedy*;
> The Universal *Pansophy*;
> The State of all the Questions,
> Since *Peter Lumbard*, solv'd at once,
> *Ignorance* in a learned dress,
> Which Volumes teach, but not profess;
> The Learning which all Ages knew,

Being Epitomiz'd by you.
You teach as *doubting*; and no more
Do *Libraries* turn'd o're and o're;
Take up the *Folio*, that comes next,
'Twill prove a *Comment* on your *Text*;
And the *Quotation* would be good,
If *Bodley* in your *Margin* stood. [105a]

Die Entwicklung des neuzeitlichen Denkens läßt sich nach einem Vorschlag F.E. und F.P. Manuels in drei Schichten abheben: 1. *Virtuosi*: Bacon, Campanella; 2. *Naturwissenschaftler*: Kepler, Galilei, Newton; 3. *Philosophen*: Descartes, Spinoza, Locke, Leibniz.

Was die Pansophen angeht, so liegt ihr Ansatz vor dieser Spezialisierung:

> These seventeenth-century Pansophists made the last major effort to establish a unity of European culture upon a religious foundation free from sectarian malice.[106]

Die Naturwissenschaften begannen als Gottesdienst: das wahre Ziel der Erkenntnis sollte die christliche Nächstenliebe sein, nicht die Macht. Diese Entgegensetzung spiegelt sich sogar in Francis Bacon, wenn man die Vorrede zur *Instauratio Magna* mit dem *Novum Organum Scientiarum* vergleicht.

Die utopischen Philosophen des 17. Jahrhunderts glaubten, daß die Reorganisation der Wissenschaft als Reorganisation des Erziehungssystems Bedingung für die Reform der Gesellschaft und der Einrichtung eines Idealstaats sein könne.

Als Voraussetzung des Bedingungsverhältnisses setzt sie die Restrukturierung der Gesamtgesellschaft. - Von solchen Visionen hob sich aber die tatsächliche Entwicklung der Moderne ab.[107] Anstatt des Primats von Ethik und Theologie trat auch mit Blick auf Wissenschaft der Primat von Politik und Ökonomie auf den Plan, in England sachlich begründet durch die Vergrößerung der Wählerschaft und die entsprechende Politisierung vor Beginn des Bürgerkriegs sowie generell durch den Anstieg der Mittelklasse.[108] - Die Wissenschaft wurde immer stärker vom Bereich der Theologie abgelöst. Sie übernahm nunmehr zusehends die Funktion eines vom gesellschaftlichen System insgesamt abhängigen Teilsystems. Wissenschaft wurde zum Instrument der Bewirkung von Fortschritt.

Die Baconsche Ambivalenz der Ziele von Wissenschaft - *power* und *charity* - geriet letztendlich in der Folge *charity* - *power* temporal hintereinandergeschaltet, zum Kennzeichen des faktischen historischen Verlaufs und damit zu einem Kriterium für Normierungen von Wirklichkeit in System und Verfahren.

Anmerkungen

(1) vgl. Alfred Adam, Lehrbuch der Dogmengeschichte, Band 2: Mittelalter und Reformationszeit (Gütersloh 1972), S. 343. Calvins *Institutio* wurde als erstes Werk in der akademischen Druckerei des Corvinus zu Herborn gedruckt.das erschien im Jahre 1586 unter der Herausgeberschaft von Olevian. Vgl. Heinrich Schlosser, "Die Bedeutung der Hohen Schule Herborn für die Geschichte des deutschen Geistes", in: *Nassauische Annalen*, 55 (1935), S. 103.

(2) vgl. Jürgen Klein, Radikales Denken in England: Neuzeit (Frankfurt/Bern/New York 1984), S. 96 - 113.

(3) vgl. Johannes Calvin, *Institutio*, I. vi. 2.

(4) Ebenda, I. viii. 5

(5) vgl. ebenda, II. ii. 22. und II. viii. 51.

(6) vgl. ebenda, II. x. 4.

(7) vgl. ebenda, III. xi.

(8) vgl. Der Heidelberger Katechismus (o. O. 1948), hrsg. von der Lippischen Landeskirche, S. 48 (Frage 95).

(9) vgl. Calvin, *Institutio*, II. xxxii. 7.

(10) vgl. Wilhelm Zepper, Bericht von den dreyen Hauptpuncten welche zwischen den Evangelischen Kirchen und Lehrern... fürnemlich im streit stehen (Herborn 1593), S. 111.

(11) vgl. Calvin, *Institutio*, III. x. 6.

(12) "... we hold that God is the disposer and ruler of all things, - that from the remotest eternity, according to his own wisdom, - he decreed what he was to do, and now by his power executes what he decreed. Hence we maintain that, by his providence, not heaven and earth and inanimate creatures only, but also the counsels and wills of men are so governed as to move exactly in the course which he has destined." (John Calvin, *Institutes of the Christian Religion*, transl. by Henry Beveridge (Grand Rapids, Michigan 1981), vol. 1, S. 179) (I. xvi. 8.)

(13) Calvin, *Institutio*, übers. v. Otto Weber (Neukirchen 1963), S. 152 f. (II. ii. 13.).

(14) vgl. Hugo Grün, "Geist und Gestalt der Hohen Schule Her-
     born", in: *Nassauische Annalen*, 65 (1954), S. 132.

(15) vgl. Schlosser (1935), S. 102.

(16) vgl. Gerhard Menk, Die Hohe Schule Herborn in ihrer Früh-
     zeit (1584-1660). Ein Beitrag zum Hochschulwesen des deut-
     schen Kalvinismus im Zeitalter der Gegenreformation (Wies-
     baden 1981), S. 234. Zum Begriff der Föderaltheologie:
     "Quonia Rex & Sacerdos Ecclesiae Christus ad dexteram Dei
     Patris sedens ita utramque foederis partem administrat,
     ut licet qui ab ipso iustificati sunt pace in conscientis
     habeant, â mundo tamen inter maleicos reputentur, quo in
     ignominia capiti sint coformes: deinde etiam ita ut in
     hac vita foederatos suos plene non regeneret, sed sub
     cruce & hostium iniuriis eos continendo, sensim peccatum
     in iis mortificat & leges suos cordibus eorum inscribat."
     (Caspar Olevian, De Substantia Foederis Gratuiti inter
     deum et electos (Genf 1585), S. 157).

(17) Grün (1954), S. 132.

(18) vgl. Schlosser (1935), S. 102.

(19) vgl. Robert Mandrou, From Humanism to Science 1480 - 1700
     (Harmondsworth 1978), S. 109 ff und S. 312 f (Verteilungs-
     karte der Jesuitenkollegien in Europa). Zur Tendenz sie-
     he: A.G. Dickens, The Counter Reformation (London 1977).

(20) vgl. Wolfgang Drost, "Universa Schola Nassovica Sigenen-
     sis. Über die Anfänge der akademischen Tradition in Sie-
     gen 1594-1600 und 1606-1609", in: Artur Woll (Hrsg.),
     Fünf Jahre Gesamthochschule Siegen. Konzept und Wirklich-
     keit (Siegen 1977), S. 41-59.

(21) "centrum est foedus non iniri nobiscum ulla stipulatione,
     aut promissione nostrarum vivium, sed totam substantiam
     foederis esse merum & gratuitu donu Dei, cui omnes debi-
     tores sumus, ipse aute nulli est debitor." (Olevian, De
     Substantia Foederis, S. 211).

(22) "Ac primum quide etsi Dominus non uno modo per verbu
     electos suos ad fide adducat, tame ut plurimum foedus
     gratuitu sic administrat Deus Pater, Filius & Spiritus
     Sanctus, ut pro aeterna sua sapientia corda electorum ad
     id percipiendu praparet, aliis aute omne excusatione adi-
     mat ostendedo op fuerit naturale foedus, seu naturalis
     obligation inter Deu, quaternus est creator & homines ad
     ipsius imagine conditos: hoc nimiru, ut que ad modu se

(23) "unione membrorum cu capite in unum corpus, quae alia quam fidei applicatio per Spiritum Sanctum esse non potest, ..." (Olevian, De Substantia Foederis, S. 359).

(24) vgl. Wilhelm Zepper, Bericht von den dreyen Hauptpuncten ... (Herborn 1593), S. 109 ff.

(25) vgl. Gerhard Menk, "Kalvinismus und Pädagogik. Matthias Martinis (1572-1630) und der Einfluß der Herborner Schule auf Johann Amos Comenius", in: *Nassauische Annalen*, 91 (1980), S. 81.

(26) vgl. Menk, Die Hohe Schule (1981), S. 235.

(27) vgl. ebenda. S. 235.

(28) vgl. ebenda, S. 236 f. Vgl. Max Weber, Die protestantische Ethik I, hrsg. v. Johannes Winckelmann (München, Hamburg 1969), S. 115-275.

(29) Zum Enzyklopädiegedanken vgl. Gerhard Menk, Die Hohe Schule (1981), S. 274 ff. sowie Menk (1980), S. 89.

(30) vgl. Jürgen Klein, Radikales Denken in England: Neuzeit, Studien zur Geistes- und Sozialgeschichte (Frankfurt/Main - Bern - New York 1984), S. 100 ff.

(31) vgl. Gerhard Menk, Die Hohe Schule (1981), S. 238 ff.

(32) vgl. H. Schlosser (1935), S. 106.

(33) vgl. Charles Webster, Art J. H. Alsted, in: Dictionary of Scientific Biography (New York 1971), vol. I, S. 126.

(33a) Der junge Alsted interessierte sich besonders für die Kunst des Lullus, weil er glaubte, durch dieselbe ein Instrument zu erhalten, mit dem man die philosophischen Schulen zur Harmonie führen kann. Vgl. Walter Michel, Der Herborner Philosoph Johann Heinrich Alsted und die Tradition, Diss. phil. Frankfurt am Main 1969, S. 22. Lullus betrachtet die Welt platonisch "von oben" - von Gott aus - , stellt Gott aber auch wieder als Endziel alles Seienden hin. Dieser Anfang des Denkens scheint auch in der reformierten Theologie auf, insofern den rationes necessaries oder dignitates Gottes nachgegangen wird. Diese dienen prima intentione von Gott, aber secunda intentione - entsprechend Platons Urbild-Abbild-Theorie (vgl. Phaidon und Timaios) auch von der Welt:

bonitas
magnitudo
duratio
potestas
sapientia
voluntas
virtus
veritas
gloria

Mikrokosmos   –   Makrokosmos

Entsprechung

Gedanke der
Great Chain of Being

Zur Lullischen Kunst vgl. Art. Raimundus Lullus, in: N.
J. Kondakov, Wörterbuch der Logik, dt. hrsg. von Erhard
Albrecht und Günter Asser (Leipzig 1983), S. 319 f.

(34)   Hans Aaarsleff, Art. Alsted, in: Dictionary of Scientific
Biography, vol. I, S. 126.

(35)   "An artes libersles nullo prorsus modo efficiunt? Efficiunt, sed analogice... Deinde Logica non fabricat instrumenta ratiocinandi, sed praebet. Ratiocinandi siqui-
dem instrumenta nihil aliud atque ipsa logica. At nihil
est efficiens sui ipsius." (Johann Heinrich Alsted, Logicae Systema harmonicum (Herborn 1614), S. 6.).

(36)   zitiert nach Menk (1980), S. 84, Anm. 29. "Finis relatus
est utilitas, quam philosophia habet in tribus faculta-
tibus & in communis vita." (J. H. Alsted, Compendium
philosophicum (Herborn 1626), S. 8). Bei Alsted regiert
die Praxis die Logik: "Dum enim hominem contemplar, spe-
culativus est meus intellectus. Sed postquam intellexi,
conjunctionem humanam esse viam ad beatitudinem & inveni
justitiam ejus conservatricem; ex speculativo sit acti-
vus. Itaque ago, quae pertinent ad justitiam. Quocirca
etiam artes instituto. Et sic ex activo factivus seu
poeticus fio... Hunc intellectum factivum dirigit Logica, quod rationem bene disserendi. Neque hunc tantum dirigit, sed & memoriam intellectivam, quam alii reminis-
centiam vocant, ut a nobis dicetur ad librum ultimum
hujus operae. Secundarium subjectu informationis est
oratio, quod suprà probatum fuit. Ad extremum, subjectum
operationis seu usus est id, in quo Logica exercetur &
ad usum applicatur. Et hoc est omne thema dissertabile,
seu intelligibile, sive sit ens, sive non-ens." (Alsted,
Compendium, S. 10 f.).

(37) Petrus Ramus, The Logike (London 1574, repr. Menston 1970), S. 74.

(37a) Wilhelm Schmidt-Biggemann, Topica Universalis. Eine Modellgeschichte humanistischer und barocker Wissenschaft (Hamburg 1983), S. 105 f.

(38) vgl. Art. Ramus, in: N. I. Kondakov, Wörterbuch der Logik (1983), S. 404 f. Vgl. René Descartes, Regulae ad directionem ingenii, hrsg. von Lüder Gäbe (Hamburg 1973), S. 2 ff. (Regel 1) sowie S. 182 ff. (Kommentar zu Regel 1. Zur Fortentwicklung vom Einfachen zum Komplexen vgl. bei Descartes Regel 6 (S. 31 ff.).

(39) Petrus Ramus (1574), S. 94.

(40) vgl. Lüder Gäbe, Descartes Selbstkritik. Untersuchungen zur Philosophie des jungen Descartes (Hamburg 1972), S. 65 ff. Gäbe behandelt ausführlich Descartes geometrische Wendungen der Sapientia Universalis.

(41) J. H. Alsted, Compendium Philosophicum (1626), S. 11: "ut nihil sit in rerum universitate, quod ipsi non possit subjici... At nihil est, de quo humana ratio not possit disserere. Ergo & nihil est, cui non possint instrumenta Logica applicari."

(42) J. H. Alsted, Logicae Systema (1614), S. 565: "Cognitionem veri quaerimus propter actione boni. Actionem boni volumus propter nostram felicitatem. Hanc velle debemus propter Dei gloriam."

(43) J. H. Alsted, Compendium (1626), S. 13 f. Vgl. Michel (1969), S. 22.

(43a) vgl. die einschlägigen Forschungen von Ernst Cassirer und Arthur O. Lovejoy. Für den englischen Bereich: E. M. W. Tillyard, The Elizabethan World Picture (Harmondsworth 1978).

(44) J. H. Alsted, Compendium (1626), S. 13 f.

(45) vgl. Nicolai Hartmann, Einführung in die Philosophie (Göttingen 1949), S. 10 ff.

(46) J. H. Alsted, Physica harmonica (Herborn 1616), S. 754.

(47) vgl. Galileo Galilei, Sidereus Nuncius, hrsg. v. Hans Blumenberg (Frankfurt/Main 1965), S. 157.

(49) "Quatuor sunt instrumenta inveniendarum & constituenda-
rum disciplinarum, hoc ordine: sensus, observatio, experientia & inductio; è quibus posterior gradus includit
priorem collectivè. Nam observatio est plurium sensionum
collectio, experientia plurium observationum, denique
inductio plurium experimentarum."
(Alsted, Compendium Philosophicum (1626), S. 11). Diese
Auffassung entspricht weitgehend der Francis Bacons.

(50) Alsted, Compendium (1626), S. 11.

(51) vgl. Walter Michel (1969) S. 29.

(52) vgl. Alsted Encyclopaedia (1630), S. 714.

(53) vgl. Walter Michel (1969), S. 33. Siehe hierzu: Anne-
liese Maier, Die Impetustheorie der Scholastik (Wien
1940).

(54) "Philosophia tribus modus facit ad hominis perfectionem.
Nam primo perficit intellectum theoreticum & practicum,
pro sua rata & virili. Deinde flectit voluntatem. Denique perficit lunguam." (J. H. Alsted, Compendium (1626),
S. 11).

(55) "Forma philosophiae est unio sive connexio & dispositio
singularum ipsius partium, quae ita inter se devinciun-
tur, ut in hoc mundo videmus omnia cohaerere." (Alsted,
Compendium (1626), S. 12).

(56) vgl. Johann Heinrich Zedler, Grosses Vollständiges Uni-
versal-Lexikon (Halle/Leipzig 1735), Band 1, S. 1511.

(57) vgl. Hugo Grün (1954), S. 143.

(58) Ebenda. Vgl. Alsted, Compendium (1626), S. 25 ff. (Aufstellung und Einteilung der Wissenschaftsreihe!)

(58a) vgl. Schmidt-Biggemann (1983), S. 101 ff.

(58b) vgl. ebenda, S. 126-132.

(59) Walter Michel (1969), S. 32.

(60) vgl. Ausgabe von Max Caspar (Darmstadt 1978).

(60a) "Archaelogia est prima praecognitorum philosophicorum
pars de principiis, seu fundamentis omnium disciplinarum." (J. H. Alsted, Philosophia digne restituta (Herborn 1623), S. 13).

(60b) Melanchthon, zit. nach. Michel (1969), S. 102.

(61) Max Wundt, Die deutsche Schulmetaphysik des 17. Jahrhunderts (Tübingen 1933), S. 236 f.

(61a) vgl. Schmidt-Biggemann (1983), S. 122.

(61b) vgl. Jürgen Klein, Astronomie und Anthropozentrik (1986), S. 79 f.

(62) vgl. J. H. Alsted, Logicae Systema (1614), S. 556.

(63) vgl. Thomas S. Kuhn, "Mathematische versus experimentelle Tradtitionen in der Entwicklung der physikalischen Wissenschaften", in: Th. S. Kuhn, Die Entsteheung des Neuen: Studien zur Struktur der Wissenschaftsgeschichte (Frankfurt/Main 1977), S. 84-124; vgl. Gernot Böhme, "Die kognitive Ausdifferenzierung der Naturwissenschaft. Newtons mathematische Naturphilosophie", in: Gernot Böhme/Wolfgang van den D ele/Wolfgang Krohn, Experimentelle Philosophie. Ursprünge autonomer Wissenschaftsentwicklung (Frankfurt/Main 1977), S. 237-263.

(64) vgl. Walter Michel (1969), S. 43.

(65) vgl. Gerhard Menk (1980), S. 90.

(66) vgl. Hans Aarsleff, Art. John Amos Comenius, in: Dictionary of Scientific Biography, vol. III (New York 1971), S. 359.

(67) Ebenda, S. 361.

(67a) Schmidt-Biggemann (1983), S. 135.

(68) vgl. Jürgen Klein (1984), S. 148 ff.

(69) S. R. Gardiner (Ed.), The Constitutional Documents of the Puritan Revolution 1625-1660 (Oxford 1968), S. 139.

(70) Ebenda, S. 207 f.

(71) Jürgen Klein (1984), S. 149.

(71a) Charles Websterm, The Great Instauration. Science, Medicine and Reform 1626-1660 (London 1975), S. 21.

(71b) vgl. Jürgen Klein, Francis Bacon oder die Modernisierung Englands (Hildesheim - Zürich - New York 1987), Anglistische und Amerikanistische Texte und Studien, Band 4,

S. 39-67 und S. 172-176.

(71c) Charles Webster (1975), S. 28.

(71d) zit. nach R. F. Jones (1975), S. 97.

(71e) vgl. R. F. Jones (1975), S. 101 ff.

(71f) vgl. Christopher Hill, God's Englishman. Oliver Cromwell and the English Revolution (Harmondsworth 1973). S. 189.

(71g) vgl. Sabina Fleitmann, Walter Carlton (1620-1707), "Virtuoso": Leben und Werk (Frankfurt a. M. / Bern / New York 1986), Aspekte der englischen Geistes- und Kulturgeschichte, Band 7, S. 14-45.

(71h) vgl. Melvin J. Lasky, Utopia & Revolution (London 1977), S. 419.

(71i) vgl. Frederick J. Powicke, The Cambridge Platonists. A Study (1926); repr. Hildesheim 1970), S. 25. Siehe auch: Ernst Cassirer, The Platonic Renaissance in England (New York 1970).

(71j) vgl. Robert G. Clouse, "Johann Heinrich Alsted and English Millenialism", in: Harvard Theological Review 62 (1969), 189-207.

(72) Christopher Hill, The World Turned Upside Down. Radical Ideas During the English Revolution (Harmondsworth 1975), S. 164. Vgl. R. F. Jones, Ancients and Moderns. A Study of the Rise of the Scientific Movement in Seventeenth-Century England (1961; repr. Gloucester, Mass. 1975), S. 87 ff.

(72a) R. F. Jones (1975), S. 88.

(73) Christopher Hill (1975), S. 292.

(74) John Donne, To the Countess of Huntingdon, 5-8, in: John Donne, The Poetical Works, ed. by Herbert J. C. Grierson (Oxford 1971), S. 177.

(74a) vgl. Art. William Burton, in: DNB, Vol. III, OUP 1917, S, 471-472.

(74b) William Burton, Widmungsschreiben an Sir John Cordwell, Johann Heinrich Alsted, The Beloved City ... (London 1643).

140

(74c) Ebenda.

(75) vgl. H. R. Trevor-Roper, "Three Foreigners: The Philo-
sophers of the Puritan Revolution", in: H. R. Trevor-
Roper, Religion, the Reformation and Social Change (London 1972), S. 242 f. Anm. 2.

(76) vgl. Art. Hartlib, in: DNB, vol. IX (Oxford 1917), S.
72f.

(76a) John Dury, A Motion Tending to the Public Good of this
Age (1642), zit. nach: M. J. Lasky (1977), S. 330.

(76b) Siehe: Johann Valentin Andreae, Christianapolis, übers.
u. Hrsg. v. Wolfgang Biesterfeld (Stuttgart 1975), bes.
54. - 71. Abschnitt.

(76c) vgl. M. J. Lasky (1977), S. 330.

(76d) Christopher Hill, Intellectual Origins of the English
Revolution (Oxford 1971), S. 103.

(76e) Keith Thomas, "The Utopian Impulse in Seventeenth-Century England", in: DQR, vol. 15 (1985), S. 171.

(76f) M. J. Lasky (1977), S. 323.

(76g) Samuel Hartlib, zit. nach M. J. Lasky (1977), S. 323.

(76h) vgl. W. Schmidt-Biggemann (1983), S. 145.

(76i) vgl. Chr. Hill, Intellectual Origins (1971), S. 107 f.

(76j) Johannes Calvin, Auslegung des Propheten Daniel, hrsg.
v. Ernst Kochs (Neukirchen 1938), S. 594.

(76k) vgl. Hans Baron, Calvins Staatsanschauung und das kon-
fessionelle Zeitalter (Berlin 1924), S. 86 ff.

(76l) John Calvin, Institutes of the Christian Religion,
transl. by Henry Beveridge (Grand Rapids, Mich. 1981),
vol. II, S. 37 f.

(76m) Johannes Calvin, Der Genfer Katechismus, in: Matthias
Simon (Hrsg.), Um Gottes Ehre! Vier kleinere Schriften
Calvins (München 1924), S. 95.

(77) vgl. Melvin J. Lasky, Utopia and Revolution (London
1977), S. 371-381.

(78) vgl. Christopher Hill, The World Upside Down (1975),

S. 288.

(79) vgl. Francis Bacon, The Works, edd. by Spelling, Ellis, and Heath vol. IV, S. 249-255.

(80) John Milton, "Of Eductaion. Letter to Mr Hartlib" (1644), in: John Milton, Prose Writings (London/New York 1974), S. 320 f.; 323.

(81) Ebenda, S. 327.

(82) vgl. H. Geissler, "Comenius und die Sprache", in: Pädagogische Forschungen 10 (1959), S. 32.

(82a) Hartlib an Comenius, zit. nach Lasky (1977), S. 323.

(82b) Hartlib, zit. nach Lasky (1977), S. 340.
      Schwierig blieb aber auch für Hartlib das eschatologische Integral seiner Utopie, das sich nicht so ohne weiteres fortrationalisieren ließ, da es auf autoritativen Aussagen der Bibel fußte. Dies läßt sich als Index für den Sachverhalt nehmen, daß das 17. Jahrhundert zwar schon *Neuzeit* war, aber sich zugleich noch im Übergang zur Modernisierung befand. Die Naherwartung Alsteds und Medes fiel in das Jahr 1666, wie dies der Brief Joseph Medes an Samuel Hartlib vom 16. April 1638 belegt. Zum Verhältnis *Neuzeit* und *Modernisierung* vgl. Jürgen Klein, Francis Bacon oder die Modernisierung Englands (Hildesheim/Zürich/New York 1987), S. 11 ff; S. 89 ff.

(83) vgl. Christopher Hill, The World Turned Upside Down (1975), S. 300.

(84) zitiert nach: Robert Alt, Der fortschrittliche Charakter der Pädagogik Komenskys (Berlin 1953), S. 145.

(85) vgl. Hans Aaarsleff (1971), S. 360.

(86) vgl. Robert Alt (1953), S. 141.

(87) Johann Amos Comenius, Grosse Didaktik, hrsg. v. Andreas Flitner (Stuttgart 1982), S. 223.

(88) Johann Amos Comenius, Via Lucis, zit. nach: Charles Webster. The Great Instauration. Science, Medicine and Reform 1626-1660 (London 1975), S. 50.

(89) vgl. Christopher Hill, The World Turned Upside Down (1975), S. 164; Schmidt-Biggemann (1983), S. 144.

(89a) Christopher Hill, The World Turned Upside Down (1975),

142

passim.

(90) vgl. ebenda, S. 297.

(91) vgl. Charles Webster (1975), S. 110 f.

(92) vgl. ebenda, S. 113.

(93) vgl. Melvin J. Lasky (1977), S. 357.

(93a) Komensky's Description of the Development of his PLAN FOR AN Encyclopaedia and a Great College for Scientific Research, and of his Visit to England, in: R. F. Young (Ed.), Comenius in England (London 1932), Oxford University Press, S. 30.

(93b) Ebenda, S. 31 f. - Comenius hat selbst einen großangelegten Enzyklopädieversuch über Jahre hinweg verfolgt in seiner Consultatio Catholica. Dieses Werk sollte in sieben Büchern "den Gesamtbereich der Dinge /darstellen /, die dem Menschen in seiner pansophischen Stellung als Teilhaber Gottes zugeordnet werden konnten." (Schmidt-Biggemann (1983), S. 147.). Zum Einfluß von Alsteds Encyclopaedia von 1630 auf Comenius vgl. Schmidt-Biggemann (1983), S. 148-150.

(93c) vgl. F. R. Young (Ed.), Comenius in England (1932), S. 34, Anm. 1.

(93d) Ebenda, S. 36.

(93e) Ebenda, S. 39.

(93f) vgl. F. M. Manuel and F. P. Manuel, Utopian Thought in the Western World (Oxford 1979), S. 207. Vgl. ebenda, S. 309-331.

(93g) Siehe: Jürgen Klein, Francis Bacon oder die Modernisierung Englands (Hildesheim - Zürich - New York 1987),

(93h) J. A. Comenius, zit. nach: F. R. Young (1932), S. 48. - Comenius war eine bedeutende Gestalt des 17. Jahrhunderts, wenn auch nicht unumstritten. Er verknüpfte utopisches Fortschrittsdenken mit dem Glauben an apokalyptische Wandlungen. Wie im naturwissenschaftlichen Denken Magie und Szientifik nocht dicht beieinander liegen, so wurde auch im sozialen Denken die Reorganisation menschlichen Zusammenlebens mit dem Weltende bei gleichzeitigem geistlichem Neuanfang zusammengebracht. Comenius war ganz erfüllt von der Idee, daß aus der Finster-

nis das Licht aufbrechen würde, wobei er etwa seine Re-
formpläne vom Millenium mit der Staatsidee Machiavellis
amalgamierte: "To reform the world and all things in it,
through all nations" (/Comenius/, A Generall Table of
Europe (1670), S. 204). Das Ziel des Comenius bestand
darin "(to) make all things new". (Melvin J. Lasky (1977),
S. 360). Seine pansophische Reform sollte das menschliche
Leben insgesamt verbessern über Bildung und Wissenschaft
ebenso über Frieden und Toleranz in der Gesellschaft. Der
Akademiegedanke des Comenius wurde gar bei Leibniz wei-
tergeführt, und zwar in seiner Schrift aus dem Jahre 1700
Denkschrift über den Zweck und Nutzen einer zu gründen-
den Sozietät der Wissenschaft zu Berlin. Dort heißt es
im Eingangsabschnitt:
"Wäre demnach der Zweck, theoriam cum praxi zu vereini-
gen, und nicht allein die Künste und die Wissenschaften,
sondern auch Land und Leute, Feldbau, manufacturen und
commercien und, mit einem Wort, die Nahrungsmittel zu
verbessern, überdies auch solche Entdeckungen zu tun, dadurch die überschwängliche Ehre Gottes ausgebreitet, und
dessen Wunder besser als bisher erkannt, mithin die
christliche Religion, auch gute Polizei, Ordnung und Sit-
ten teils bei heidnischen, teils noch rohen, auch wohl
gar barbarischen Völkern gepflanzet oder mehr ausgebreitet würden." (G. W. Leibniz, Politische Schriften II,
hrsg. v. H. H. Holz (Frankfurt a. M. 1967), S. 86). In
der Beurteilung des Comenius in der Folgezeit ergeben sich
zwei Stränge: *einmal* die englische Sicht, derzufolge sein
Empirismus und Pragmatismus die Entwicklung der Wissenschaften und die Modernisierung gefördert habe, *zum an-
dern* die Vorwürfe der kritischen Historie, Comenius habe
sich zu sehr von chiliastischen Vorstellungen, Wunder-
glauben und Prophetien leiten lassen, so daß er die faktische Wirklichkeit und die wahre Einschätzung histori-
scher Verläufe verfehlen mußte.
Der Wissenschaftshistoriker und Soziologe Robert K. Merton hat den ersten Strang der Comenius-Beurteilung hervorgehoben, der sich in der englischen Entwicklung von
1650 bis 1700 die erstrangige Geltung verschaffte. Vgl.
Robert K. Merton, "Science, Technology and Society in Seventeenth Century England", in: OSIRIS, IV (1938): 360-
631. Comenius verdammte das exzessive Studium der Wörter
und befürwortete stattdessen das Studium der Dinge (vgl.
Merton, 381), er integrierte die Normen des Utilitarismus
und Empirismus in seine Pädagogik (Merton, 476), sowie in
den Plänen zur Realisierung von Bacons "House of Solomon". Comenius selbst schrieb diesbezüglich: "Nothing
seemed more certain than that the scheme of the great
VERULAM, of opening in some part of the world a universal
college whose one object should be the advancement of the

144

Sciences, would be carried into effect." (Comenius, Opera
Didacta Omnia (Amsterdam 1657), Buch 2, Vorrede, zitiert
nach: Merton, 476 f.).
Die Comenius-Kritik geht vor allem auf Pierre Bayle zurück. Bayle greift Comenius an wegen seines Wundergleu-
bens und seiner an den historischen Entwicklungen wider-
legten millenarischen Überzeugungen, die er teilweise aus
der fragwürdigen Autorität von Propheten wie Kotterus und
Drabicius ableitete. Vgl. Art. Comenius, in: Pierre
Bayle, Historisches und Critisches Wörterbuch, übers. v.
J. Chr. Gottsched, 4 Bde., Leipzig 1741-44, Repr. Hildesheim 1973-78, Bd. 1, S. 215-219. Bayle als Erfinder des
Ideals der historischen Exaktheit betonte, daß ein Historiker Weltbürger sein müsse, um objektiv urteilen zu kön-
nen. Vgl. M. J. Lasky (1977), S. 364. Das Verhaftetsein
des Comenius im Visionären verurteilte der Rationalist
Bayle, ähnlich wie schon Descartes um 1636/37 Comenius'
Prodromus Pansophicus wegen der Vermischung von Philosophie und Theologie kritisiert hatte. Vgl. F. R. Young
(Ed.), Comenius in England (1932), S. 37. Comenius traf
Descartes nach seiner Rückkehr aus England in Endegeest
bei Leiden, ohne daß sich daraus eine Veränderung seines
Denkens ergeben hätte. Weitere Kontakte mit dem neuzeit-
lichen Rationalismus hatte Comenius durch Pater Mersenne.
Zur Einschätzung von Bayle vgl. Paul Hazard, Die Krise
des europäischen Geistes 1680-1715 (Hamburg 1939), S.128-
147; Ernst Cassirer, The Philosophy of the Enlightenment
(Princeton, N. J. 1951), S. 201 ff.; S. 205 ff.

(94a) Hans - Christoph Schröder, Die Revolutionen Englands im
17. Jahrhundert (Frankfurt a. M. 1986), S. 30 ff. S. 30
ff.

(94b) J. A. Comenius, zit. nach R. F. Young (1932), S. 65.

(94c) Johann Amos Comenius, Große Didaktik, hrsg. v. Andreas
Flitner (Stuttgart 1982), S. 208.

(94d) Thomas Carlyle, Oliver Cromwell's Letters and Speeches,
(London 1902), vol. II, S. 293 f.
R. F. Jones hat in seinem Buch Ancients and Moderns be-
tont, daß der Höhepunkt der Verdammung traditioneller
Wissenschaft in England in den Jahren 1650 bis 1653 lag.
Aufstände in den Universitäten im Jahre 1658 und 1659
ließ Cromwell unterdrücken. 1659 gab das Parlament eine
Resolution heraus, "that the Universities and Schools of
Learning shall be so countenanced and reformed, as that
they may become the Nurseries of Piety and Learning".(R.
F. Jones, Ancients and Moderns (1975), S. 114). - Crom-
well begrüßte die Förderung, wie aus dem Brief an den

Speaker der Commons vom 11.3.1650 hervorgeht. Schon einige Zeit vorher hatte sich Cromwell für die Wissenschaften eingesetzt: "In May 1649 Cromwell, fresh from shooting down the Levellers at Burford, told the University of Oxford that 'no commonwealth could flourish without learning.' In December he assured John Tillotson, the future Archbishop who married Oliver's niece, that he was 'ready to embrace all opportunities of showing favour to the universities.' Nor were these mere words. As Chancellor he did a great deal for Oxford: his generosity is still commemorated by the Bodleian Library. Owen, his favourite chaplain, was Dean of Christ Church and Vice-Chancellor; one of the prebends of Christ Church was Oliver's brother-in-law, Peter French. John Wilkins, who married French's widow, became Warden of Wadham and centre of the group which later formed the Royal Society; Jonathan Goddard, physician to Cromwell's armies in Ireland and Scotland, became Warden of Merton. Even Clarendon admitted that Oxford under the Protectorate 'yielded a harvest of extraordinary good and sound knowledge in all parts of learning.'"
(Christopher Hill, God's Englishman, Oliver Cromwell and the English Revolution (Harmondsworth 1973), S. 189).

(95) Siehe: Joseph Clanvill, The Vanity of Dogmatizing (1661), repr. Hildesheim 1970.

(96) Christopher Hill, The World Turned Upside Down (1975), S. 96.
Hill merkt zu dieser Stelle in seiner note 36 an:
R. Baillie, Letters and Journals (1775), II, p. 156. A translation of Joseph Mede's The Key of the Revelation was published in 1643, by order of a committee of the House of Commons, with Preface by the Prolocutor of the Westminster Assembly of Divines. The translation was made by an M. P. (see my Antichrist in Seventeenth Century England, p. 28).

(97) Ebenda, S. 317.

(98) vgl. Robert G. Clouse (1969), S. 194.

(99) vgl. Hans-Christoph Schröder (1986), S. 60.

(100) Frank E. Manuel/Fritzie P. Manuel (1979), S. 206.

(101) vgl. H.-Chr. Schröder (1986), S. 75.

(102) vgl. R. F. Jones, Ancients and Moderns (1975), S. 91 f.

146

(103)   vgl. ebenda, S. 104.

(104)   vgl. Thomas Sprat, zit. nach M. J. Lasky (1977), S. 344.

(105)   Thomas Sprat, History of the Royal Society of London
        (1667), S. 382-84, zit. nach: M. J. Lasky (1977), S. 352.

(105a) Joseph Glanvill, The Vanity of Dogmatizing (London
        1661), 2. Widmungsgedicht.

(106)   F. E./F. P. Manuel, Utopian Thought in the Western World
        (1979), S. 211.

(107)   Siehe: Thomas S. Kuhn, Die Entstehung des Neuen (Frank-
        furt/Main 1977).

(108)   vgl. H.-Chr. Schröder (1986), S. 30 f.

BEATE GRIESING

FUNKTIONEN PURITANISCHER APOKALYPSEN IM REVOLUTIONSPROGRAMM DES FRÜHEN CIVIL WAR

I. Apokalypsenexegesen und die Idee des Milleniums im England des 17. Jahrhunderts

I.1 Verschiedene Auslegungen des "Milleniums"

Neu ist für die Puritaner des 17. Jahrhunderts der Gedanke an ein irdisches Reich des Friedens nicht, basiert er doch auf einer langen Tradition der Beschäftigung alter Kirchenväter mit der Exegese der Apokalypse umd mit gesamtheilsgeschichtlicher Konzeption. Verschiedene Kirchenväter wie Irenaeus, Justin Martyr, Tertullian und Hippolytus (1) interpretierten die 1000 Jahre in der Offenbarung buchstäblich als ein zu erwartendes Reich in Diesseitigkeit, nicht in der Transzendenz, wobei aber diese Dogmatik seit dem Konzil zu Ephesus (431) verboten bzw. als ketzerisch abqualifiziert wurde. Dieser zunächst recht erstaunliche Umschwung resultiert aus der mächtigen Einflußnahme des Kirchenvaters Augustin, der in seiner Erklärung der Offenbarung 20 in Buch 20 der *Civitas Dei* die erwähnten 1000 Jahre entweder als letzten Teil der Kirchengeschichte oder als "perfectus numerus", als ganze Kirchengeschichte bis zur Parusie Christi versteht (2). Damit setzt Augustin das gesamte gegenwärtige Zeitalter mit dem "Millenium" gleich und lehnt eine eigene Zeitspanne, die das Millenium repräsentiert, ab.

Diese augustinische Lehre bestimmte die Interpretation der Offenbarung hauptsächlich in den Jahren 431 bis zur Zeit der Reformation und wurde nur von Zeit zu Zeit durch "millenarian movements" (3) unterbrochen, die aber nie weder in der mittelalterlich katholischen noch in der lutherischen oder reformierten Kirche des 16. Jahrhunderts die gleiche Anerkennung erhielten. Insbesondere der durch die augustinische Heilslehre beeinflußte Calvin wandte sich ausdrücklich gegen "millenarianism", die verurteilend, die nur eine zeitliche, nicht aber eine ewige Friedensperiode postulierten:

"Those who assign the children of God a thousand
years in which to enjoy the inheritance of the life
to come do not realize how much reproach they are
casting upon Christ and his Kingdom...." (4)

Erstaunlich ist hierbei, daß der doch hauptsächlich calvinistische Hintergrund der englischen Puritaner ein messianisches Friedensreich überhaupt erwarten läßt, was allerdings durch die verschiedenen puritanischen Strömungen wiederum differenziert werden muß.

Als Wegbereiter der millenaristischen Strömung im 17. Jahrhundert gilt
Thomas Brightman (1562-1607), der als später elisabethanischer Puritaner
und erzogen und ausgebildet in Cambridge seinen Ruhm durch einen ausführ-
lichen Kommentar der Apokalypse erhielt: Apocalypsis Apocalypseos... et
Refutatio Rob. Bellarmini de Antichristo Libro Tertio de Romano Pontifice
(A Revelation of the Revelation.......and Refutation of Robert Bellarmine
Concerning Antichrist in Book Three Concerning the Roman Pontiff.) (1609).
Brightman geht von der zutiefsten Überzeugung aus -wie übrigens andere
Apokalyptiker auch-, daß die Offenbarung göttlich inspiriert sei, daß
aber auch sein eigener Kommentar unter göttlicher Inspiration geschrieben
wurde, er selbst mehr oder weniger Werkzeug darstellte (5). Insgesamt steht
sein Kommentar unter dem Zeichen eines Angriffs auf die Jesuiten, die das
vollständigeErfüllen der Offenbarung in die zunächst einmal unerreichbare
Zukunft legen wollten. Seine Hauptgegner, die er argumentativ versuchte
zu überzeugen, waren dabei Ribera (1537-1591) und Robert Bellarmine
(1542-1621). In folgendem soll in einigen Details auf die Grundzüge von
Brightmans Überzeugung eingegangen werden, um den Einfluß von Johann
Heinrich Alsted auf das englische millenaristische Gedankengut zu klären.

Brightman interpretiert die sieben Gemeinden, die in den ersten Kapiteln
der Offenbarung angesprochen werden, als sieben Perioden der Kirchengeschichte. Danach repräsentiert z.B. die Kirche von Ephesus die erste
christliche Gemeinde in der Geschichte, die durch das Predigen der
Apostel gegründet wurde und sich bis zur Regierungszeit Konstantins
fortsetzte. Nach verschiedenen Abstufungen kommt er dann in seiner Auslegung bis zur siebenten Gemeinde, die die englische (!) Kirche repräsentiert und somit auch gleichzeitig die letzte vor der Wiederkunft Jesu:
"The last church, Laodicea, was a prophecy of the English church whose
Reformation began in the reign of King Henry VIII." (6). Dadurch, daß
Brightman der siebenten und letzten Gemeinde die englische Kirche zu-
ordnet, signalisiert er ebenfalls, daß er seine Gegenwart als letzte Zeit
versteht.

Im weiteren Verlauf beschäftigt sich Brightman mit Offenbarung 6 und der
Bedeutung von sechs der sieben Siegel. Auch hier wiederum ist eine Gleich-
setzung der verschiedenen Siegel mit geschichtlichen Ereignissen zu kon-

statieren, wobei Brightman z.B. das erste Siegel mit dem Aufhören der
Christenverfolgung durch die gelungene Petition des Bischofs Quadratus
von Athen und Aristides an den römischen Kaiser gleichsetzt. Das zweite
Siegel symbolisiert nach Brightman den Krieg, der zur Strafe für die
Christenverfolgungen über das römische Reich verhängt wird (7). In dieser
Art und Weise, die nicht nur theologisches, sondern auch geschichtliches
Wissen verlangt, interpretiert Brightman weiter und kommt schließlich zu
dem Ergebnis, daß das letzte Siegel den verfolgten Gemeinden Frieden durch
die Bemühungen von Konstantin bringt (8). In derselben Vorgehensweise
werden die Trompeten als Symbole für bestimmte geschichtliche Ereignisse
wie z.B. das Eindringen von Irrlehren in die frühen christlichen Gemeinden
(Trompeten 1-3) angesehen. Die weiteren wichtigen Symbolträger der
Offenbarung wie die zwei Zeugen aus dem 11. Kapitel, die zwei Tiere aus
dem 13. Kapitel und die sieben Zornesschalen aus dem 16. Kapitel werden
ebenfalls geschichtlichen Personen und Ereignissen zugeordnet. Ganz in
der Tradition des 16. Jahrhunderts steht Brightman, wenn er Rom als die
Stadt des Antichristen, als den Sitz des apokalyptischen Tieres ansieht:

"Rome is the City, where the heads of Antichrist
remain fixed, therefore Rome is the seat of Antichrist.
You can never escape the dint of this Argument
(O ye Papists!) while you live. It must needs
be as fixed, strong and durable, as the mountains
themselves of your Rome....

The seat of the seven Kings is the seat of Antichrist,
Rome the City with seven Hils, is the seat of the
seven Kings: for the heads are both the Mountains,
and the Kings; Therefore Rome is the seat of Antichrist."(9)

In seinen Deutungen von Offenbarung 20 nähert sich Brightman allerdings
mehr an die eines Augustins an, da er den Beginn des 1000jährigen Reichs
an die Zeit Konstantins, also im 4.Jahrhundert, ansetzt. Das Ende dieser
Zeit, das biblisch durch das Loslösen des Teufels signalisiert wird,
setzt er, wie auch andere Millenaristen, mit der Einwanderung der Türken
gleich. Die erste Auferstehung versteht Brightman demgemäß auch spirituell,
d.h. daß er die neue reformierte Lehre von Männern wie Marsilius von
Padua, John von Jandun und John Wiclif als erweckenden Geist in den
christlichen Gemeinden dem Auferstehungsgeschehen gleichsetzt. Trotz dieser
noch alten traditionsgemäßen Auffassung, die das 1000jährige Reich als
schon gewesen deuten will, und trotz der Tatsache, daß Brightmans Werk
zuerst auf dem Kontinent(10) publiziert wurde, gewinnt diese Auslegung

im 17. Jahrhundert große Popularität, versteht er doch die 1000 Jahre als
buchstäblich. Viele Bibelkommentatoren schließen sich an ihn an, kam
Alsteds Modifikation doch erst in den 40er Jahren des 17. Jahrhunderts.

Neben Thomas Brightmans Apokalypsenexegese ist noch weiterhin die Schrift
"A description of the famous kingdome of Macaria" anzuführen, deren
Autor bis heute nicht vollständig identifiziert ist, wobei aber in die
engere Auswahl der möglichen Autoren Samuel Hartlib kommt (11). Macaria
läßt sich aber inhaltlich nicht in das Konzept einer millenaristischen
Bewegung hineinpressen, da die Schrift sich mehr mit den sozialen
Relationen zu Wissenschaft und Technik beschäftigt, sich anlehnt an
Francis Bacons "New Atlantis"und keine explizite theologisch begründete
Milleniumstheorie hervorbringt (12). Gemeinsam mit anderen Apokalypsen-
exegesen ist diesem Werk eher das Fehlen des fiktionalen Elements, der
Gebrauch eines kurzen, durch das Fehlen von Ausschmückungen gekennzeich-
neten Stils.

> "It is overlooked that brevitiy and reduction
> of the fictional element were adopted intentionally to
> increase the practical effect
> of Macaria, designed as a discourse which is briefe
> and pithy, and easie to be effected, if all men
> be willing.' This was the form of utopia most
> suited to the political circumstances of 1641. This
> elementary point reinforces the necessity of relating
> utopian writings to their general historical context." (13)

Neben der Macaria ist weiterhin Johann Valentin Andreaes "Christianopolis"
zu nennen, die 1619 in Straßburg publiziert wurde, eine Utopie, die weniger
an die Vernunft als gestaltendes Element im menschlichen Zusammenleben
appellierte als eher eine prophetische Vision anbot, die die Beschreibung
des Neuen Jerusalems der Offenbarung sich zu eigen gemacht hatte.
Andreaes Christianopolis stellt ein gutes Exempel zum Studium der Vermischung beider Literaturformen dar, da sie biblische,speziell apokalyptische Grundzüge mit Ideen der vernunftgemäßen Lebensführung verquickt.
In der Einleitung faßt Andreae getreu der apokalyptischen Tradition die
Vergangenheit zusammen und beschäftigt sich dann mit dem Aufbau der
Heiligen Stadt, deren Zentrum in der Erziehung zur Wissenschaft liegt:
"its college was 'the innermost shrine of the city'" (14). Als Lehrinhalt
rangierte die Geschichte direkt an zweiter Stelle nach den Naturwissenschaften, was wiederum auf die Wichtigkeit des Wissensvergangener Zeiten

in Bezug auf die Deutung von zukünftig zu Erwartendem hinweist. Andrae proklamiert dazu:"History, that is, the rehearsal of the events of human tragedy, accompanies natural science. Words cannot do sufficient justice to
the importance of this." (15) Und entsprechend der Behandlung der Geschichte allgemein darf auch die Kirchengeschichte im besonderen nicht fehlen:
"Since the inhabitants of Christianopolis make everything in this world
second to the church, they are concerned in its history more than any
other."(16) Läßt sich Andreaes Christianopolis zwar nicht in die Reihe der
Werke der konservativen Millenaristen einreihen, so ist dieses Werk doch im
Geist einer prophetischen Vision und damit in einer apokalyptischen Tradition geschrieben (17).

Verschiedene Varietäten der apokalyptischen und millenaristischen Idee und
deren Materialisierung in bestimmte Textformen -so lassen sich auch eine
Fülle von Predigten mit dem Thema der Weltendzeit konstatieren- (18), zen-
tralisieren sich in den 20er Jahren des 17. Jahrhunderts in England zu
einer Strömung, die von Johann Heinrich Alsted ausgeht und die sich bei
den englischen Anhängern, wie zum Beispiel Joseph Mede, und deren Konzep-
tionen wiederfinden lassen.

I.2. Die ramistische Strömung in England als Wegbereiter der
     argumentativen Apokalypsenauslegung

Gemäß der puritanischen Denkweise, daß der Sündenfall nicht nur zer-
störende Auswirkungen auf die Natur, sondern in erster Linie auf den
Intellekt des Menschen hatte, setzten Versuche zur Rekonstituierung des-
selben an. Neben einer logischen Vorgehensweise, die die zerbrochene
menschliche Fähigkeit zur Zusammenschau und zur Erkenntnis heilen sollte,
wurde der Prophetie in der Aufhellung des menschlichen Geistes und in der
Reetablierung der Fähigkeit, natürliche Phänomene zu erkennen, eine
wichtige Rolle zugeschrieben:

"Knowing that men now desperately required guidance
from outside themselves, God gave them explicit commands
through the Prophets and through Revelation." (1)
Nach der puritanischen Konzeption wurden einige wenige von Gott auser-
wählt und ihnen die Fähigkeit und die Gabe verliehen, Schlüsse aus gegebenen Voraussetzungen zu ziehen. Die Kunst der Logik wurde als eine be-

sondere Gabe Gottes angesehen, die der gefallenen Menschheit eine Rekonstituierung von Ordnung in einem begrenzten Rahmen ermöglichte. Zu-
gespitzt formuliert P.Miller, der sich intensiv mit der puritanischen
Denkweise und deren Einflußnahme auf Neu-England auseinandergesetzt hat(2),
den Verlust von Gottes Bild als die Unfähigkeit, einen vernünftigen Schluß
aus gegebenen Phänomenen zu ziehen, und die menschliche Verderbtheit
als eine angeborene Unfähigkeit zur diskursiven Intelligenz. Letztlich
wurde also die Logik an sich als göttliche Autorität angesehen, ohne auf
den Benutzer dieser Gabe zu rekurrieren: Sowohl Nichtgläubige als auch
Puritaner sollten sich die Regeln der Logik zu eigen machen, um damit Teil
zu haben am göttlichen Ratschluß:

> "The art was not man-made, though men had written it
> down; it was a portion of heavenly wisdom, a replica,
> however faint, of the divine intelligence. Whosoever
> learned it approximated once more the image of God." (2)

Die Notwendigkeit der Logik wird überhaupt dadurch gerechtfertigt, daß der
Mensch zwischen Gut und Böse unterscheiden muß, daß er urteilen und sein
Maß am Wort der Bibel, die nicht an irrationale Wesen gerichtet ist,
schulen muß. Die Existenz der Logik und deren Anwendung ist also notwendig
für einerseits das Weltverständnis und andererseits das Gottesverständnis,
die beide ohne Logik nicht zu erlangen sind: "Logic does not teach falla-
cies" (3). Die pure Anwendung von Logik ermöglicht ein Verstehen des von
Gott geschaffenen Universums. Die Kunst des Anwendens von Logik wird gepriesen als Unterscheidungskriterium von Mensch und Tier, als Hilfe und
Angelpunkt zur Interpretation der Heiligen Schrift. In "Rule of Reason"
(1552) spricht Thomas Wilson von Logik als einer Gabe Gottes, die die
Menschheit vor dem Untergehen im durch die Sünde verursachten Chaos be-
wahrt (4).
Auch Bartholomaeus Keckermann, der mit seiner "Rhetorica Ecclesiastica" den
metaphysischen Predigtstil begründete, bezeichnete das 17. Jahrhundert als
bislang einziges, das sich mit einer solchen Intensität und Produktivität
dem Gegenstand Logik zuwandte (5). Allerdings war Keckermann als Aristoteliker weniger der ramistischen Predigttheorie verhaftet, sondern sah Logik und Rhetorik in einer Einheit (6). Insbesondere muß hier sein Ornatus-
begriff hervorgehoben werden, der "schlichte Klarheit mit wirksamer Wort-
fülle " vereint. Im allgemeinen jedoch wird die Fülle der Dinge über die
der Worte gesetzt, die Logik hat dabei die Aufgabe, beides in ein ange-

messenes Gefüge einzuordnen. Auch Alsted, wie in der Analyse noch zu zeigen sein wird, sah Logik als "queen of mind", als "light of intelligence", "norm of judgement", "laboratory of truth" und "panacea of memory" an, die notwendig ist für z.B. die Ausübung eines Berufes als Rechtsanwalt, Arzt oder Philosoph. Logik gibt dem Studium Bedeutung, ohne Logik keine Kunst. Logik wurde als Basis sämtlicher Wissenschaften, auch der Theologie, angesehen:

"Upon the prikly bush of Logick grows of other Sciences the fragrant rose." (7)

Nicht nur in England selbst, sondern als Frage der eminenten Betonung von Vernunft und Logik unter den gelehrten Puritanern fand sich auch in Neuengland eine entsprechende Spur: Harriet Beecher Stowe bezeichnete in ihrem Buch "Oldtown Folks" (1897) Logik als das goldene Kalb, dem von den Puritanern des 17. Jahrhunderts gehuldigt wurde. H.Beecher Stowe geht sogar soweit, festzustellen, daß die Erlösung des Christen nach Ansicht der Puritaner von der kompetenten Handhabung der logischen Vorgehensweise in z.B. der Bibelauslegung, in der Wahrnehmung der Phänomene abhänge, was doch so eindeutig nicht behauptet werden könne. Bekehrung der Sünder solle vollzogen werden auf dem Weg des logischen Vollzugs, unter der Inanspruchnahme des vernunftgemäßen Verstandes. Daß diese Betonung der Logik in einen unvermeidbaren Widerspruch zu dem Anspruch von Religion und Glauben auf das Gefühlsleben und den Affektbereich stand, führt P.Miller weiterhin aus, indem er auf die Diskrepanz von beidem hinweist (8).

In folgendem soll kurz umrissen werden, inwieweit Petrus Ramus als Vorreiter und Begründer einer Aufsplitterung von Rhetorik und Logik eminent die puritanischen Studien, deren Ziel, Ausrichtung und deren Struktur beeinflußte. Pierre de la Ramée, in England bekannt als Peter Ramus(1515-1572) reformierte den Gegenstand Logik insofern, als er die Vorgehensweise der Wissenschaft in Invention und Disposition einteilt, d.h. er fordert eine strikte Zweiteilung, die eine Reform der damaligen scholastischen Logik, der traditionellen Rhetorik und der konventionellen Grammatik darstellte, die für ihn Elemente der Unpräzisiertheit und Redundanz aufwiesen (10). Für ihn erschien es notwendig, eine Reform insofern einzuleiten, als Logik und Rhetorik in ihren Anforderungen, das Thema ("subject matter"), Prinzipien der Disposition ("principles of arrange-

ment") und Organisation des Materials ("organization of material") zu klären, in eine Vermischung eintraten, die unnötig schien. Ramus wollte in
seiner Reform eine strikte Trennung erreichen, indem er die Abhandlung von
Invention und Disposition in den Bereich der Logik stellte und die Rhetorik ausklammerte. Dann allerdings wird der Begriff Disposition wiederum
in den Bereich des Diskurses gesetzt ohne Rücksicht auf den Begriff Invention.

Ramus' Reform der Logik wird von Audomarus Talaeus, der sich die Aufgabe
machte, die Rhetorik zu reformieren, folgendermaßen beschrieben:

> "Peter Ramus cleaned up the theory of
> invention, arrangement, and memory,
> and returned these subjects to logic,
> where they properly belong. Then, assisted
> indeed by his lectures and opinions,
> I recalled rhetoric to style and delivery
> (since these are the only parts proper to it),
> and I explained it by genus and species,
> (which method was previously allowed to me),
> and I illustrated it with examples drawn
> both from oratory and poetry."(11)

An dieser Stelle wird deutlich, daß Talaeus als Schüler von Ramus sich
mehr dem Gebiet der Rhetorik zuwandte, während Ramus selbst sich auf das
Gebiet der Logik spezialisierte. Neben der Aufteilung von Logik in Invention und Disposition impliziert aber Ramus' Reform noch weiteres: er
geht dabei zurück auf Aristoteles "Posterior Analytics", der mit drei
allgemeinen Regeln oder Prinzipien zur Organisation von Themen oder
Wissenschaft eine Gliederung anstrebt (12). Während unter englischen
Ramisten die drei allgemeinen Regeln der Wahrheit, der Gerechtigkeit und
der Weisheit (13) bekannt sind, nennt Ramus sie nach der ursprünglichen
lateinischen Wortwahl: "de omni" - "Du tout", "per se"- "Par soy",
universaliter primum" - "vniversel premierement". Jede These oder Behauptung, in der diese drei Regeln aufzufinden sind, gilt als ein
wahres Prinzip in Kunst und Wissenschaft.

Während das erste Gesetz -lex veritatis- nur innerhalb einer bestimmten
Zeitspanne geltenden Behauptungen für die freien Künste nicht gelten
und damit nur in jedem Falle geltende Lehrsätze in die Künste einfließen
ließ, schloß das zweite Gesetz -lex justitiae- jegliche Behauptungen aus,

die sich einander ergänzten oder aufeinander bezogen. Tauchen also zwei
gleiche Behauptungen zur Definition zweier verschiedener Künste auf, ist
eine entsprechende Konfusion aufgetreten. Das dritte der Axiome -lex sapien-
tiae- klärte die Organisation des Gegenstandes der freien Künste. Während
ursprünglich dies Gesetz derart verstanden werden mußte, daß es sich auf
das Verhältnis von wissenschaftlicher Behauptung und deren Prädikat bezog, indem das Prädikat die nächstgelegene und die ferner stehende Klasse
bezeichnete, erweiterte Ramus dieses Verhältnis insoweit, als er es auf das
Verhältnis zwischen Behauptung und allgemeiner oder konkreter Klasse von
Behauptungen bezieht. Die allgemeinsten Behauptungen dominieren die weniger allgemeinen, die wiederum die konkreten dominieren. Insofern erscheint lex sapientiae als logische Basis von Ramus grundlegender Definition der Methode; die in der Dialectiqve (1555) dargelegt wird:

"Method is arrangement, by which among many
things the first in respect to conspicuousness
is put in the first place, the second in the
second, the third in the third, and so on.
This term refers to every discipline and
every dispute. Yet it commonly is taken in
the sense of a direction sign and of a
shortening of the highway. And by this
metaphor it was practised in school by the
Greeks and the Latins, who speaking also
of rhetoric, called method arrangement,
from the term of its genus. And under this
term there is no doctrine, whether of proposition, or of syllogism that is taught in
rhetoric, except only so far as rhetoric makes
mention of method." (14)

In der Dialectiqve (1555), ebenfalls in der lateinischen Ausgabe Dialec-
ticae Libri Duo (1556), läßt sich eine gute Zusammenfassung von Ramus
Lehre finden. Von Waddington wurde die Dialectiqve als die wichtigste
französische philosophische Arbeit nach Descartes' Discours de la Methode
angesehen. Für Ramus stellte die Logik das Zentrum der freien Künste dar,
zudem auch das wichtigste Instrument zur Erlösung des Menschen. Ramus
konsistentes Interesse an Logik kann durch die Überzeugung, daß Gott der
einzige perfekte Logiker ist, erklärt werden. Ramus geht von der These aus,
daß Dialektik und Logik die Kunst des guten Disputierens darstellen, wobei
er darauf hinweist, daß Wahrheit des Argumentierens sowohl in der Wissenschaft als auch in der Meinung angestrebt werden soll. Er proklamiert
ein System der Logik für Wissenschaft und Meinung und eine Theorie der

158

Invention und Disposition für sowohl Logiker als auch Rhetoriker und setzt
sich damit von der Lehre der Scholastiker, die zwei verschiedene Systeme
betreffend Wissenschaft und Meinung forderten, ab. Invention bezieht sich
auf die gedankliche Klärung eines Sachverhalts, während die Disposition
die Ausführung der Gedankengänge in der Rede klärt.

> "Invention is the part in which are
> arranged individual terms, the concepts,
> the arguments or the reasons, with which
> discourses are constructed; in judgement
> or disposition are contained the method
> for putting arguments together." (15)

So zum Beispiel stellen "fire", "cause" und "heat" separate und diagnosti-
zierte Argumente der Invention dar, während der Satz "fire causes heat"
das Axiom oder den Diskurs in der Disposition darstellt. Die Dichotomie ist
das gegebene Fundament für Ramus' Vorgehensweise, wobei dann die Dichotomie Invention und Disposition weitergehend zweigeteilt wird (16).
Im Bereich der Invention unterteilte Ramus Argumente wiederum in zwei Ka-
tegorien in die künstlichen und die nichtkünstlichen (17). Während nach Ramus'Ansicht die künstlichen Argumente all diejenigen Phänomene erfassen,
die aufgrund der immanenten Struktur eines Dinges zu erfassen sind, können
die nichtkünstlichen Argumente nur durch Umwege begriffen werden. Dazu
zählen z.B. die in Aristoteles' Rhetorik angeführten fünf Typen: Gesetze,
Zeugnisse, Verträge, Verdrehungen, Eide. So z.B. zählt "fire" als Ursache
für die Wirkung "heat" unter die künstlichen Argumente, während die nichtkünstlichen solche Phänomene wie die Ermordung Caesars oder die Auferstehung Christi bezeichnen (18). Während gerade die Peripatetiker diese
Doktrin der inartifiziellen Künste angriffen, versuchte Ramus daraus die
Autorität der Bibel zu beweisen: - die Bibel als inartifizielles Argument
leitet ihre Autorität aus der wirkenden Ursache ab. Die für die Peripatetiker absurde Unterscheidung in künstliche und nichtkünstliche Argumente
erlaubte Ramus eine gewissenhafte Behandlung nicht nur der naturgegebenen
Phänomene, auf die die artifiziellen Argumente zutreffen würden, sondern
auch der zivilen und menschlichen Prozesse, die zu einem großen Teil auf
Vertrauen und Zeugnis beruhen.

Ramus blieb aber bei diesem Zustand nicht stehen, sondern ging weiter, indem er die artifiziellen und nichtartifiziellen Argumente weiter unterteilte bis zu dem Zustand, wo beide Argumente absolut übereinstimmen, was

der Fall bei Ursache und Wirkung ist. Indem eine weitere Teilung erreicht
wird, ist schließlich eine Liste der fundamentalen Konzepte erreicht - der
Argumente, die in eine Rede einfließen. Zur Invention gehört demnach eine
Klassifikation, eine Definition der Argumente, letztlich eine Unterscheidung, wobei dann im zweiten Schritt wieder eine Zusammenschau, eine Disposition erreicht wird:

> "As invention treats of the precepts of inventing
> arguments, so judgement embraces the precepts of
> conjugating these arguments among themselves and
> of disposing what is invented. Invention invents
> causes, effects, subjects, adjuncts, opposites,
> comparatives, distribution, genus, species, defi-
> nition, etc. Judgement disposes and conjugates cause
> with effect, subject with adjunct, opposite with
> opposite, comparative with comparative the whole
> with the parts, genus with species, definition
> with definition etc.(18)

Während Invention Unvollkommenheit darstellt, bezieht sich die Disposition
auf die Zusammenstellung, die Ordnung, die gedanklich geleistet wird. Ge-
lingen kann die Disposition nur, wenn sie nach einer bestimmten Methode
vorgeht, die u.a. im zweiten Buch der Dialectica vorgestellt wird. Zwei
Wege können in diesem Zusammenhang begangen werden: einmal der Weg der
Anwendung einfacher Axiome, dann der Weg der diskursiven Verstandestätig-
keit, genannt nach Ramus "axiomaticum" und "dianoeticum" (19). Eine weitere
Unterteilung findet statt, wenn z.B. "dianoeticum" in "Syllogismus" und
"Methode" unterteilt wird. Es ist nicht ganz klar, inwieweit der Unterteilung "Methode" ein eigener Rang gleichberechtigt neben Disposition und
Methode zukommt, so wurde z.B. in einigen Predigten Logik durch drei
wesentliche, nebeneinander gleichberechtigt existierenden Bestandteilen
definiert:

> "In his sermons on Ecclesiastes, John Cotton
> so defined the "acts or exercises of Logick":
> 'He sought out, is the work of invention...
> He weighed (as in a ballance) is the work
> of judgement. He set in order, is the work
> of method."(20)

Nichtsdestotrotz kann immer auf einen Vorgang im ramistischen Sinne insofern zurückgegriffen werden, als zuerst einzelne Argumente erfunden, ent-
deckt werden, dann eine Disposition erfolgt, um Axiome zu bilden, daraufhin eine Schlußfolgerung aus den Axiomen zu ziehen, um dann schließlich die
die Schlußfolgerungen im Sinne einer Rede, einer Predigt, eines Gedichts
zusammenzustellen. Eine Umkehrung des Prozesses kann selbstverständlich

auch erfolgen. Ramus selbst sagt in seinem zweiten Buch:"The arrangement
of logic has three species, the proposition, the syllogism, method." (21)
Die Proposition, die dabei die einfachste und kleinste Einheit des
Arrangement repräsentiert und mit Hilfe derer eine Aussage über eine andere getroffen wird, besteht aus dem Subjekt (Antecedent) und dem Prädikat
(consequent) (22). Als eine Theorie der artgemäßen Beziehungen zwischen
"Antecedent" und "Consequent", zwischen Ursache und Wirkung, zwischen
Subjekt und Attribut, ist die Theorie der Invention konzipiert. Dabei ist
zu beachten, daß für Ramus die schon erwähnten drei Gesetze konstituierend
und bedingend für die wissenschaftliche Wahrhaftigkeit einer Proposition
gelten, während die von der Scholastik aufgestellten fünf Allgemeinbe-
griffe "genus, species, difference, property, accident", für ihn nicht als
Topik in der Logik zählen (23).

Syllogismus stellt für Ramus eine Disposition dar, in der eine zur Diskussion gebrachte Fragestellung nach Beweisen untersucht und zu einer
notwendigen Schlußfolgerung gebracht wird. Ramus' Erklärung zum Vorgang
des Syllogismus wird von Howell als konventionell und traditionell be-
zeichnet, da Ramus nur auf die dem Syllogismus innewohnenden drei Figuren eingeht, aber nicht auf den Induktionsprozeß, der zu seiner Zeit
noch nicht aktuell bzw. noch nicht auf seine Gültigkeit für wissenschaftliche Beweisverfahren untersucht wurde (24). Ramus' Konzeption von
Wissenschaft geht primär auf eine deduktive Vorgehensweise, in der die
Universalien auf ihre Gültigkeit in Bezug auf seine drei aufgestellten
Gesetze untersucht werden. Induktion ist für Ramus ein begleitender Le-
bensumstand aller Lebensformen (25), während der Syllogismus für ihn Ausdruck höchster Intelligenz ist.

> "I say a law of reason proper to man, not being in any
> sense shared with the other animals as the preliminary
> judgement can be in some sense shared, but solely in
> things pertaining to sense and belonging to the body and
> the physical life."(26)

Nicht nur als Unterscheidungskriterium zum Tier, sondern auch als Analogon
zu Gott läßt sich die Fähigkeit des Vernunftschlusses denken: "certainly
this part in man is the image if some sort of divinity."(27)

Als letzter Abschnitt der Dialectiqve folgt eine Abhandlung über die Methode, deren Diskussion von Ramus initiiert wurde. Auch hier läßt sich

wieder Zweiteilung konstatieren: "Method is natural or prudential",(28).
Beide Wege fallen unter die Vorgehensweise, die zuerst die deutlichste,
dann die weiniger deutliche Idee oder Tatsache proklamiert. Im Unterschied zur "natural method", die sich auf die Deutlichkeit im absoluten
Sinne bezieht, setzt die "prudential method" den Leser oder Redner in
seinem eigenen Maßhalten der Deutlichkeit absolut.

>   "And in a word this artistic method to me appears as a
>   sort of long chain of gold, such as Homer imagined,
>   in which the links are these degrees thus depending one
>   from another, and all joined so justly together, that
>   nothing could be removed from it, without breaking
>   the order and continuity of the whole."(29)

Anklänge an die "chain of being", die Ordnungskette des gesamten Seins
im Renaissancedenken, kommen hier auf. Die Ordnung der freien Künste und
Wissenschaften, die auf einer hierarchischen Konstruktion ihrer Aussagen
beruht, könnte gefährdet werden, wenn Aussagen oder Behauptungen an der
falschen, ihnen nicht gemäßen Stelle in der Struktur auftreten. Während
die "natural method" sich eher mit der Komposition der Wissenschaften beschäftigt, wird die "prudential method" praktiziert von Philosophen,
Poeten und Rednern. Während Wissenschaftler mehr durch die "natural
method" angesprochen werden, fühlt sich die "normale" Zuhörerschaft mehr
durch den Gebrauch von Ornamenten, Variationen und Zufälligkeiten be-
troffen.

>   "And in brief all the tropes and figures of style
>   all the graces of action, which make up the whole
>   of rhetoric, true and distinct from logic, serve no
>   other purpose than to lead this vexatious and mulish
>   auditor, who is postulated to us by this (i.e., the
>   prudential method; and have been studied on no other
>   account than that of the failings and perversities
>   of those very one, as Aristotle truly teaches in the
>   third of the Rhetoric." (30)

An dieser Stelle wird der Unterschied von Ramus' Konzeption zu der von
Aritoteles und Cicero deutlich, da nämlich, wo Ramus auf die Trennung von
Dialektik und Rhetorik hinweist: Invention und Disposition gehören in den
Bereich der Logik, während Stil und Vortragsweise in den der Rhetorik ein-
zuordnen sind. Bei Aristoteles stellte die Dialektik die Theorie der ge-
lehrten Kommunikation, des Diskurses, dar. Während Ramus in seinen Aus-
führungen auf den Bereich der Logik beschränkt bleibt, führte Audomarus
Talaeus (1510-1562) den ramistischen Gedankengang auf das Gebiet der
Rhetorik fort. In seinem Werk Institutiones Oratoriae (Paris 1544), das

später von Antoine Foclin ins Französische übersetzt wurde, erfolgt eine
Zusammenfassung der ramistischen Rhetorik. Auch in Foclins Werk ist fast
eine perfekte Kopie der ramistischen "natural method" zu erkennen - so
wird Rhetorik definiert, indem vom Allgemeinsten zum Konkreten übergegangen
wird. Auch hier wieder ist ein Set gleicher Muster zu erkennen, das sich
dann weiter in England, Frankreich und Deutschland ausgebreitet und seinen
Einfluß auf z.B.: John Seton, Richard Serry, Thomas Wilson und Ralph Lever
genommen hat (31).

Übrigens erfuhr Methode in Neuengland eine solche Bewertung, daß der Begriff an sich schon den gleichen Stellenwert wie andere Schlüsselbegriffe
wie "God", "sin", "regeneration" etc. einnahm (32). Methodische Analyse
und logische Schlußfolgerung stellen wichtige Voraussetzungen zur Ent-
schlüsselung eines biblischen Textes und damit zur Gotteserkenntnis dar,
die nicht in der Verwirrung gewonnen werden kann:

"Method is the parent of intelligence, the
master of memory ...Truth is methodical,
Error lies latent in confusion." (33)

Der Enthusiasmus, mit dem die "neue" Methode hauptsächlich unter den puritanischen Predigern vertreten wurde, liegt wohl u.a. darin begründet, daß
Simplizität, klare Durchschaubarkeit und "common sense" im Gegensatz zu
dunklen Obskuritäten, Weitscheifigkeiten und übermäßiger Verwendung von
Schmuck das puritanische System mit konzipieren. In Anlehnung an Bibelstellen wie Matt.5,37, Pred. 12,12 und Matt.12,37 wurde dem gesprochenen
und geschriebenen Wort eine hohe Bedeutung beigelegt, darüber hinaus wurde das Wort an sich für Verdammung und Erlösung verantwortlich gemacht,
was den vorsichtigen bzw. einschränkenden Umgang mit dem Wort gebot. Im
Gegensatz zu aristotelischen Instruktionen, die Rede organisierten und
ausgearbeitete Regeln boten, verwickelte Kunstgriffe und komplexe Modelle
für Einleitungen und Schluß vorsahen, schien die ramistische Konzeption
denkbar passend für puritanische Verhältnisse. Zudem bot die ramistische
Methode eine enge Verbindung zu den wahren Gesetzen der Natur und der Art
und Weise der Darstellung. Argumente bestehen in den Tatsachen und nicht
in den Worten:

"Arguments are in things,axioms are not first in words
nor properly in the mind, but in things."(34)

Das ramistische System behauptet also die Existenz einer objektiven Wahr-

heit, zu der der Mensch durch logische Vorgehensweisen Zugang findet.
"There ought to be no authority for reason but
reason ought to be the queen and ruler of authority." (35)
Das Hauptproblem für einen Anhänger der ramistischen Konzeption liegt im
Klassifizieren, da die Wahrheit keinen Beweis, sondern nur Bestätigung
verlange (36). In diesem Zusammenhang ist auch Ramus'Auffassung von
"reason" wichtig, bei der er auf einen bestimmten Körper von Prinzipien
verweist. "Reason" ist für ihn nicht Mittel, sondern Doktrin, wobei
Logik das Mittel darstellt, durch das die Doktrin offensichtlich gemacht
wird. Als Slogan der Ramisten wurde öfters ein Zitat von Ames's Philoso-
phemata angeführt:"Let Plato be your friend, and Aristiotle, but more let
your friend be Truth." (37)

Insbesondere die Puritaner waren geneigt zur Übernahme des ramistischen
Konzepts, da sie mehr als ihre Zeitgenossen in der Logik einen Zugang zur
Wahrheit, die sie als gegebenes, unantanstbares Phänomen ansahen, fanden,
während Aristoteliker das ramistische System als zu einfach, zu leicht,
zu dogmatisch and als zu vereinfachend befanden, das z.B. nicht dazu geeignet war, historische Schwierigkeiten auszuloten. So verurteilt Keckermann das ramistische System insoweit, als es Ausnahmen und Qualifikationen
nicht in Betracht zieht:"since they wish all things to be necessary, true
in all times and in all places, limited by no circumstances." (38) Seiner
Meinung nach war nicht nur die Identifizierung von logischen Figuren bei
Poeten und Rednern absurd, sondern er sah auch eine Gefahr für die Theologie heraufziehen, in der z.B. die Mysterien der Religion, die Dreieinigkeit
oder die doppelte Natur Christi (der Menschen- und der Gottessohn) eine
andere als eine logische Erklärung forderten. Von daher ist seine Warnung
an junge Studenten zu verstehen, wenn er sagt: "No one will ever have a
great future, to whom Ramus alone is great." (39)

Nichtsdestotrotz erschien den Puritanern die ramistische Konzeption als
willkommenes System, um die gegebenen Phänomene des Universums zu ent-
rätseln, Hierachien zu klären und jedes Ding an den ihm bestimmten Platz
zu stellen:

"Ramists believed that their system alone
could achieve the ends for which God designed logic,
for their system alone was the logic He had instituted." (40)

Die Überzeugung, mit einem zuverlässigen logischen System auch an komplexe Phänomene heranzugehen und schwierige Teile der Bibel zu interpretieren, hatte unter den herausragenden Männern des 17. Jahrhunderts auch Johann Heinrich Alsted, der das wohl ungewöhnlichste Buch der Bibel mit ramistischer Logik interpretierte.

II.1. "The Beloved City" (1642) - Präsentation des bald zu er-wartenden Milleniums

Das 20 Kapitel der Offenbarung zeichnet ein beeindruckendes Bild eines ir-dischen Gottesreiches:

"And I saw an angel come down from heaven,
having the key of the bottomless pit and a
great chain in his hand.

And he laid hold on the dragon, that old
serpent, which is the Devil, and Satan,
and bound him a thousand years,

And cast him in the bottomless pit, and
shut him up, and set a seal upon him, that
he should deceive the nations no more, till
the thousand years should be fulfilled:
and after that he must be loosed a little
season.

And I saw thrones and they sat upon them,
and judgement was given unto them; and I
saw the souls of them that were beheaded
for the witness of Jesus, and for the
word of God, and which had not worshipped
the beast, neither his image, neither
had received his mark upon their foreheads,
or in their hands; and they lived and
reigned with Christ a thousand years.

But the rest of the dead lived not again
until the thousand years were finished.
This is the first resurrection.

Blessed and holy is he that hath part in
the first resurrection: on such the second

death hath no power, but they shall be
priests of God and of Christ, and shall
reign with him a thousand years.

And when the thousand years are expired, Satan
shall be loosed out of his prison,
And shall go out to deceive the nations
which are in the four quarters of the earth,
Gog and Magog, to gather them together
to battle: the number of whom is as the sand
of the sea.

And they went up on the breadth of the earth,
and compassed the camp of the saints about,
and the beloved city: and fire came down from
God out of heaven, and devoured them.

And the devil that deceived them was cast into
the lake of fire and brimstone, where the
beast and the false prophets are, and shall
be tormented day and night for ever and ever.

And I saw a great white throne, and him that
sat on it, from whose face the earth and the
heaven fled away; and there was found no
place for them.

And I saw the dead, small and great, stand
before God; and the books were opened:
and another book was opened, which is the
book of life: and the deads were judged out
of those things which were written in the
books, according to their works.

And death and hell were cast into the lake
of fire. This is the second death.

And whosoever was not found written in the
book of life was cast into the lake of fire." (1)

Dieses mit eindrucksvollste Kapitel der Offenbarung, das das Offenbarwer-
den der Zeugengemeinde Jesu Christi (2) schildert, gehört zu den leicht
auszulegenden Kapiteln, da die in ihm enthaltenen Wendungen schon in den
vorherigen Kapiteln enthalten sind einschließlich dem Begriff "erste Auferstehung" (3). Allerdings klingen wenig Bezüge zum Alten Testament an,
was mit ein Grund für die so verschiedenartige Auslegung sein kann.
Vom 2.-20. Jahrhundert ist gerade dieses Kapitel überschüttet mit fremden
Stoffen, Bezügen und Assoziationen, mit Bezügen und Assoziationen verknüpft worden, eingebaut in mancherlei Systeme (4). Im 17. Jahrhundert beschäftigte sich der Theologe, Philosoph, Polyhistor und Enzyklopädist
Johann Heinrich Alsted (1588-1638) mit der Johannesoffenbarung und proklamiert sein Verständnis der 1000 Jahre in seinem Werk Diatribe de annis
apocalypticis (Frankfurt 1627), das 1642 in das Englische übersetzt wurde.
Alsted verfaßte mehrere wissenschaftliche Werke, wobei sein großes enzyklo-
pädisches Werk Cursus philosophici Encyclopaedia (1620) den ersten
Höhepunkt seines wissenschaftlichen Erfolges kennzeichnet. Seine große Enzyklopädie (Encyclopaedia septem tomis distincta, 1630) wurde in
der Zeit des Dreißigjährigen Krieges geschrieben.

In Anlehung an die ramistische Tradition reflektiert das Werk "Diatribe
de mille annis Apokalypticis" eine bestimmte methodische Vorgehensweise
durch Aufstellung verschiedener Diagramme (5). Das in lateinischer Sprache
abgefaßte Werk wurde in mehrere Sprachen übersetzt, wobei William Burton,
der in Alsteds Abhandlung eine Aufklärung und Erhellung der damaligen Zeit-
zustände sah, die englische Übersetzung versah.

Alsted, der sich in einem Vorwort ausdrücklich an den christlichen Leser
wendet ("To the Christian Reader") (6), legt seine eigene Vorgehensweise
und die Voraussetzungen, die unabkömmliche Konstituenten einer Offenbarungs-
interpretation darstellen, direkt zu Beginn dar:
1. Die Inanspruchnahme des Heiligen Geistes
2. sorgfältiger Vergleich der Schriftstellen
3. Erfahrung von schon erfüllter Bibelprophetie

Als Begründung für die letzte Voraussetzung liefert Alsted ein Zitat von Irenäus:"Every Prophecy before it is fulfill'd is a Riddle." (7).

Diese zu Beginn dargelegte Vorgehensweise läßt sich nach Alsted nicht nur auf die prophetischen Teile der Bibel anwenden, sondern ebenso auf alle anderen Bibelstellen und -teile. Daß er das Wesentliche der Offenbarung schon erfüllt glaubte und in ihrem Inhalt einen direkten Bezug zur Gegenwart zu erkennen meint, wird in der letzten Äußerung des Vorwortes dem Leser suggeriert: "Let us set sail therefore in the Name of God, and comfort the desolation of Germany with this pious meditattion."(8) Eine genaue und gründliche Meditation über die Urgründe der Offenbarung, eine Vermehrung und Vertiefung des Wissens also führt zu einer Gewinnung von Trost über die Verzweiflung der gegenwärtigen Zustände. In seiner Definition des Autors geht Alsted insofern vor, als er generell Jesus Christus und damit den Heiligen Geist als Autor der gesamten Heiligen Schrift postuliert und daraufhin Johannes als Empfänger und Vermittler dieser göttlichen Offenbarung im letzten Buch der Bibel erwähnt. Letztendlich zeichnet also Gott als heilige Instanz für den Offenbarungsinhalt verantwortlich, was wiederum die Akzeptanz der göttlichen Prophetie dem Leser als zwingend darlegt: die Autorität der Offenbarung ist zweifellos:

> "That the Authority of this Book, which we intend to
> expound, is Divine." (9)

Nach der Definition des Autors schlägt Alsted wiederum den Kreis zum aktuellem Zeitbezug des Inhalts der Prophetie.

> "That the Authority of this Book, which we
> intend to expound, is Divine." (9)

Nach der Definition des Autors schlägt Alsted wiederum den Kreis zum aktuellen Zeitbezug des Inhalts der Prophetie:

> ".....and because this Book is very profitable
> in this Age, in which the lively performance
> of things hitherto abstruse and concealed,
> is presented before our eyes." (10)

Gegenstand des Kapitels ist die Gemeinde oder Kirche, deren Zustand in folgendem noch näher differenziert wird: Der Zustand der Glückseligkeit der Kirche ist von vorneherein zweigeteilt: einmal lebt die Kirche im Kriegszustand, dann wiederum im Zustand des Triumphes. Eine Unterteilung des ersteren Zustandes erfolgt wiederum in drei Aspekten: a) der Friedenszustand für 1000 Jahre, b) die Auferstehung der Märtyrer, c) die Befreiung

der Heiligen von der letzten Verfolgung durch das Böse nach den 1000 Jahren.
Der Zustand des Triumphes der Kirche ist näher beschrieben als der Triumph
im letzten Gericht. Um diese Zustände näher zu erläutern, greift Alsted auf
den gesamten Zustand der Kirche auf der Erde und im Himmel zurück, differenziert dabei wieder in einander sich ausschließenden Definitionen:

"The State of the Church hereupon earth,
was either that before the fall of the first man,
and that was wholly Legall, or that after the
fall, and this is wholly Evangelicall. Again,
The State of the Church after the fall is,
either Internall, and perpetuall; or Eternall,
and temporall." (11)

Innerhalb dieser Zweiteilung des Kirchenverlaufs nach dem einschneidenden
Ereignis des Sündenfalls wird wiederum eine Differenzierung des zweiten
Zustandes nach dem Sündenfall in "Internall" oder "Eternall" mit jeweils
entsprechenden unterschiedlichen Charakterisierungen, die Alsted im weiteren Verlauf des Textes noch näher erläutert, getroffen. Generell
differenziert Alsted zwischen der Kirche im Alten und im Neuen Testament,
wobei in diesem Zusammenhang nur näher auf die Erläuterung des Kirchen-
zustandes im Neuen Testament eingegangen werden soll - vier Perioden, die
ihrerseits wieder unterteilt werden, konstituieren die Kirchengeschichte
im Neuen Testament. Alsted differenziert in die Zeit vom Auftreten Johannes des Täufers bis zum Konzil zu Jerusalem (50 A.D.), in die Zeit von
dem Jahr 51 bis zu Beginn des 1000jährigen Friedensreiches, welche wiederum unterteilt ist in vier Zeitperioden - die erste unter dem heidnischen
Rom bis zur Zeit der Regierung Konstantins des Großen (51-323), die zweite von der Regierung Konstantins des Großen bis Phocas (323-606), die
dritte unter den Päpsten Roms (606-1517) und die vierte unter dem Papsttum
nach der Zeit der Reformation (1517-1694)-, in die Zeit des 1000jährigen
Friedensreiches selbst und in die Zeit vom Ende des 1000jährigen Reiches
bis zum Beginn des Endgerichts.

Alsted läßt bei dieser Unterteilung zwei Kriterien insofern ineinander-
fließen, als er bei der äußeren Aufgliederung biblische Kriterien, bei
der inneren Aufteilung geschichtliche Kriterien, insbesondere die
Christenverfolgungen unter den jeweiligen Herrschern, geltend macht.

Im dritten und letzten Teil des Prolegomenas stellt Alsted den Zusammen-

hang des 20. Kapitels zu den vorhergehenden und folgenden Kapiteln der
Offenbarung auf, indem er grundsätzlich den Inhalt der gesamten Offenbarung
als Mitteilung von Visionen charakterisiert. Sieben Visionen, aufeinander
aufgebaut, konstituieren die zu erwartende Zukunft, wobei das 1000jährige
Friedensreich einen Part der sechsten Vision darstellt:

> "The sixth Vision is partly of the punishments,
> as well those which are peculiarly appointed for
> the Whore, and her worshipyers, before the beginning
> of the 1000 years, in the 17,18,19 chapters, as also
> those which shall be inflicted upon all the enemies of
> the Church: Partly of future happinesse of the Church
> here upon earth, in the 20 chapter, from the 1 verse to
> the 7, After the end of those years, chap.20. the 7, and
> following verses." (12)

Im zweiten Teil der Abhandlung bietet Alsted eine Zusammenfassung des 20.
Kapitels an, in der der Inhalt, der sich hauptsächlich auf das Binden und
Unschädlichmachen des Drachens und damit auf Gewährleistung der Friedens-
zeit für die Heiligen bezieht, kurz skizziert wird.

Nach dieser Darstellung des Inhalts und Aufbaus des 20. Kapitels erfolgt
die eigentliche Analyse, die zweigeteilt ist: Zuerst einmal liefert Alsted
eine gründliche Versexegese, die sich teilweise sogar auf einzelne Begriffe
wie z.B. "Angel", Key of the bottomlesse pit", "That old serpent",
"Nations" etc. bezieht. Insbesondere der Begriff "Resurrection" wird anhand eines Diagramms mittels den zweifachen und dann mehrfach geteilten
Unterscheidungskriterien analysiert.

Die eigentlich logisch-theologische Analyse (A Logicall-Theologicall
Analysis"), die entsprechend den fünf postulierten Teilen des Offenbarungs-
kapitels fünf Paragraphen mit entsprechenden aufeinander aufgebauten Erklärungen enthält, repräsentiert das sorgfältige, schrittweise Vorgehen
Alsteds.

So wird z.B. die Gliederung des Kapitels nach sowohl inhaltlichen als auch
formalen Kriterien insofern erreicht, als die fünfteilige Grobgliederung
rein inhaltlich bestimmt ist, während die genauere Erklärung dazu formel-
len bzw. logischen Gesichtspunkten folgt:

"Of the first part
The Angel is described,
1. From the Person imployed therein, who is <u>John</u>
the Evangelist, whose effect illustrated by
the time added, is expressed in these words,
<u>After that I saw.</u>
2. From the proper Person, or <u>Subject</u>. An <u>Angel</u>.
3. From the effect which is illustrated by the place,
<u>Coming down from Heaven.</u>
4. From a double <u>adjunct,</u> illustrated by a threefold similtude,
Having the key of the bottomlesse pit, and a great chain in
his hand." (13)

Der Aufbau der ersten Verserklärung läßt sich anhand des Satzbaus des Ver-

ses nachkonstruieren, indem Alsted Bezug nimmt auf Subjekt, Prädikat und

Beifügung. Das Ursache-Wirkung-Gesetz wird ebenfalls verwendet und läßt sich

übrigens als Explanationsbais im weiteren Verlauf der Ausführungen verfol-

gen: die Erklärungen zum zweiten Paragraphen beruhen vollständig auf den

Wirkungen, die der Engel mit seinem Tun erzielt ("Five effects of this

Angel are recited...." (14)

Im dritten Teil der Erklärung findet wiederum eine Zweiteilung statt, die

der Beschreibung der Auferstehung der Märtyrer einmal von dem äußeren Er-

scheinungsbild, dann von dem inneren Zustand her beleuchtet. Auch hier

wieder ein genaues Vorgehen der Satzanalyse - Begriffe wie "adjunct",

"effect", "cause", "recipient subject" etc. tauchen auf.

Auch im vierten Teil der Analyse geht Alsted wiederum streng sezierend vor,

indem er die Beschreibung der verschiedenen Phänomene ("happy estate of

the church", "seducing of the Devill", "The wicked nations", "the warre of

Gog and Magog") von verschiedenen Seiten angeht: Grund, Wirkung, Art und

Weise, Dauer, Zeit und Ort werden aufgrund der Satzzerlegung in Haupt-,

Nebensatz und Beifügung erschlossen. So wird das Wirken des Teufels folgen-

dermaßen beschrieben:

"From the <u>time</u>: When the thousand years
shall be finished.

From the <u>permissive cause</u>: Satan shall be loosed
out of his prison...

From the <u>manner</u> and <u>end</u>: And he shall go forth
that he may deceive the
nations, and gather them
to battle." (15)

Dieselbe Vorgehensweise wird im fünften Teil angewandt: Alsted untersucht verschiedene Blickwinkel, aus denen das "Endgericht" beleuchtet wird, vom Urheber("efficient cause"), vom Objekt des Gerichts ("objects"), von der Vorgehensweise ("rule"), und von der Ausführung ("execution"). Zum Schluß dieser Unterteilung in fünf Teile weist Alsted daraufhin, daß ebensogut eine Division in vier Paragraphen hätte stattfinden können, nämlich von der Perspektive der Vision aus: Vier Visionen bestimmen den Inhalt des 20. Kapitels der Offenbarung: die Vision über den Engel, über den Zustand der Gemeinde, der sowohl glücklich als auch angegriffen ist, über den Thron Christi als auch das universale Gericht. Entspricht diese Unterteilung zwar der vorhergehenden, sind doch die Beschreibungen der zwei verschiedenen Zustände der Kirche in einem Abschnitt zusammengefaßt. Zudem erwähnt Alsted explizit, daß es sich bei der Darstellung der verschiedenen Phänomene um Visionen handelt.

Nach der logisch-theologischen Analyse folgt eine Paraphrase des Kapitels, die Alsted in der Form einer Vermischung von biblischen Auszügen mit seinen eigenen Vorstellungen liefert. Auch hier ist wieder ein Vers-für-Vers-Vorgehen zu konstatieren, das folgendermaßen sich dem Leser darstellt: Die einzelnen Phänomene und Beschreibungen werden herausgegriffen und mit einer entsprechenden Ergänzung bzw. Erklärung ummantelt - hier findet echte Paraphrase statt. So wird z.B. "Angel" als der "Minister of the Judgements of God" dargestellt, "old serpent" wird mit infernall" ergänzt, "Satan" wird weiter beschrieben mit "adversary of God and men; of Nature in generall, and of the Church". Auch die einzelnen Vorgehensweisen des Engels oder z.B. Satans werden insofern paraphrasiert, als ihre Handlungen noch weitergehend ausgeführt werden. Die Paraphrasierung ergibt dann eine Textstruktur, in der der eigentliche Bibeltext umkleidet wird von weiteren Erklärungen und somit nur noch einen kleineren Raum im Vergleich zur übrigen Textmenge einnimmt.

Nach der Paraphrasierung erfolgt die eigentliche Fragestellung des gesamten Kapitels und damit auch die Frage nach der buchstäblichen Deutung der "1000 Jahre":

"The chief question of this Chapter are these:

1. Whether these thousand yeers, severall times here

mentioned, are always to be understood
literally.
2. Whether they be already finished.
3. What year ought to be put for the beginning
of them.
4. What is to be understood by the first Resurrection.
5. Who are to be understood by Gog and Magog.
6. Whether the Martyrs with christ shall reign here on
Earth." (16)

Zusammenfassend bringt Alsted die sechs Fragen auf die Überlegung und auch
Hauptfrage der gesamten Abhandlung:"Whether there shall be any happinesse
of the church here upon earth, before the last day; and of what kind it
shall be?" (17). Beantworten möchte Alsted diese grundlegende Frage durch
Widerlegung und Bestätigung, durch das Aufstellen von verschiedenen Argumentenklassen und durch die Vorwegnahme verschiedener Gegenargumente,
ganz im Sinne ramistischer Dialektik.

Nach einer nochmaligen Klärung seiner Position, die in der Proklamation des
buchstäblich zu verstehenden 1000-jährigen Friedensreiches, das sowohl die
Auferstehung der Märtyrer, die Freiheit der Kirche ohne Verfolgung, die
endgültige Vernichtung sämtlicher Feinde des Evangeliums, das zahlenmäßige
Anwachsen der Kirche und der Menge der Gläubigen durch die Bekehrung der
Juden und die Reformation von Lehre und Leben umfaßt, stellt Alsted drei
Argumentenklassen auf, um seine Thesen zu untermauern: Während die 1.Klasse
von sechs Argumenten sich mit dem Kontext des 20.Kapitels beschäftigt, beruht die 2.Klasse von insgesamt 65 Angaben auf dem Gesamtzusammenhang mit
der Heiligen Schrift.

Zudem wird dann auch noch auf den Konsens zeitgenössischer Theologen re-
kurriert, was in der 3. Klasse zum Ausdruck kommt. Interessant sind
Alsteds verschiedenartige Beweise zu der kommenden Existenz eines Friedensreiches: So bezieht sich das vierte Argument innerhalb der 1.Klasse auf den
Vergleich der Vision mit außerbiblischer Realität: Es gibt keinen Anlaß,
eine schon eventuelle Erfüllung der Prophetie zu sehen (18): "For it
cannot be proved out of any History, That those things which were treated
of in this Prophesie, have yet come to passe." (19). Ausgehend von den
Folgezuständen der Vision entkräftet das fünfte Argument all diejenigen
Gegner, die das schon gewesene 1000jährige Reich zu konstatieren glaubten.
Hätte es schon bestanden, -Alsted schlägt hier als Ausgangspunkt das Jahr

69 (Unterwerfung von Jerusalem durch Titus)vor - so hätte diesem notwendigerweise das Ereignis der Märtyrerauferstehung folgen müssen.

In der zweiten Klasse der Argumente führt Alsted einige Analogien, insbesondere prophetisch konzipierte Bibelstellen, zum 20.Kapitel an, von denen in diesem Rahmen eine, die sich auf die Zeitrechnung bezieht, herausgegriffen werden soll:

> "And from the time that the daily sacrifice
> shall be taken away, and the abomination that
> maketh desolate set up, there shall be a
> thousand two hundred and ninety days.
> Blessed is he that waiteth, and cometh
> to the thousand three hundred and five and
> thirty days." Dan.12:11,12.(20)

Dieser Vers müsse in die Zeit der Zerstörung Jerusalems eingeordnet werden (69), da zu dieser Zeit kein tägliches Opfer mehr durchgeführt wurde. Nach seiner Zeitrechnung müssen die 90 Tage prophetisch verstanden werden und zwar somit als Wochen. Nach Addition der 1290 Tage kommt er auf das Jahr 1359, zu dem er dann die Zahl 1335 hinzuaddiert, um zu dem Jahr 2694 zu kommen, das das Ende des Milleniums signalisiert. G.Meier sieht in der kombinatorischen Exegese von Daniel und Apokalypse ein typisches Muster des Chiliasmus (21). Leider durchbricht Alsted hier mit seiner Rechnung die Schranken von Apg.1,7:" It is not for you to know the times or the seasons, which the Father hath put in his own power."(22). Nach seinen Kalkulationen müßte dann das 1000jährige Reich in Kürze anbrechen, nämlich im Jahr 1694.

In der dritten Klasse der Argumente stellt Alsted sieben Gründe für die zukünftige Existenz des Gottesreiches auf: So seien bis jetzt alle Verfolger der Kirche bestraft worden (Argument 1), nach langen Verfolgungszeiten sei immer eine Phase der Ruhe und Regeneration zu finden (Argument 2), wie die Geschichte des Volkes Israel beweise, habe immer Gottes Hilfe da eingesetzt, wo menschliches Vermögen versagt habe (Argument 3), der Fall des Antichristen und Satans Gebundenwerden müsse zusammengedacht werden (Argument 4), verschiedene Phänomene am Himmel und Erscheinungen seien ebenfalls Vorzeichen auf einen großen Wandel der Zeiten (Argument 5), die begrenzte Zeitspanne, die auf das Königreich des Antichristen folge, sei fast ausgelaufen (Argument 6), die Existenz von Daniel 12 beweise die zu erwartenden 1000 Jahre (Argument 7).

Im nächsten Abschnitt geht Alsted auf einige Auslegungen anderer Bibelkommentatoren ein, u.a. auf Alfonsus Conradus von Mantua, Lucas Osiander,
Matthew Cotterius, Johannes Piscator und Peter du Moulin ein, die ebenfalls
die Existenz eines Milleniums bejahen.

Weiterhin beschäftigt sich Alsted mit evt. Gegenargumenten seiner Mille-
niumskonzeption, von denen 14 Einwände auf Bibelversen, 22 weitere mögliche
Argumente auf der Art und Weise des Milleniums fußen. Unter der ersten
Gruppe der Einwände befinden sich z.b. solche Argumente aus Matthäus 24,
dem neutestamentlichen Kapitel über die Wiederkunft Jesu Christi. So sagt
z.B. Mat.24,14 aus, daß zunächst eine Verbreitung des gesamten Evangeliums
unter allen Völkern stattfinden müsse, um sozusagen eine Einleitung des
Endes herbeizuführen. Der Einwand besteht in der Behauptung, daß das Evangelium schon universal verkündet worden sei und daß somit keine Zeitspanne
in Form eines Milleniums bis zum Ende der Welt bestehen könne. Alsted ant-
wortet darauf, daß 1. dies nicht explizit in dem Vers ausgesagt sei und
daß das Evangelium noch nicht der ganzen Welt gepredigt worden sei (23):

> "1. The consequence is to be denyed: for
> although this happynesse do come between, yet
> it hinders not, but that the end of the
> world should come after the Gospel preached
> over the whole earth. Secondly, the prosyllo-
> gisme is to be denyed, because the Gospel
> is not already preached over the whole earth."(23).

Ein weiterer Einwand besteht z.B. in der auf Matt.24,29.30 aufbauenden Aussage, daß das Millenium nicht vor dem Endgericht stattfindet, wie Alsted
es postuliert (24). Bei den Einwänden, die allgemein gegen Alsteds Konzeption hervorgebracht werden könnten, handelt es sich um Fragen der Genese
der ersten Auferstehung (15. und 16.Objection), ob sie körperlich oder
geistlich verstanden werden soll, um die Frage nach der Klärung der Existenz des Milleniums überhaupt (17.Objection), um den Vorwurf des radikalen
Chiliasmus, den Alsted insofern interessanterweise zurückweist, als er
sich selbst nicht den Chiliasten, die die Freuden des 1000jährigen Reiches
auf die rein fleischliche Ebene verlegen, zurechnet, sondern eher auf die
spirituellen Genüsse in der Verwirklichung des 1000-jährigen Reiches fußt:

> "But our opinion maintains not a thousand

years of carnall pleasures, but of spirituall
joyes." (24)

Weiter geht Alsted auf evt. Einwände ein, die sich auf das Regieren der
Märtyrer beziehen, wobei Gegner an dieser Stelle das Argument herbei-
führen könnten, daß ihr Regieren sich auf die himmlische und nicht die irdische Sphäre beziehe (20.Objection). In der Antwort weist Alsted daraufhin, daß unter der 1. Auferstehung immer eine totale zu verstehen sei
und daß somit der Leib-Seele-Geist-Zusammenschluß im Millenium sich wieder
materialisiere. Interessant ist ebenfalls die 25. Entgegnung, daß nirgend-
wo sonst in der Bibel etwas von den 1000 Jahren zu lesen und daß daher
diese Zahl als "Great Time" (25) zu interpretieren sei, die man nicht einfach auf den buchstäblichen Inhalt festlegen könne. In der dreiteiligen
Antwort weist Alsted ersteinmal daraufhin, daß in diesem Einwand keine
Konsequenz bestehe, daß außerdem die mehrmalige Aufführung des Begriffes
auf einen besonderen Sinn hinweise:

> "From many testimonies of Scripture a little
> before propounded, and expounded; from divers
> Arguments recited in the first Classis, or
> distribution, and compared with them places
> of Scripture, it manifestly appears, That
> the happy state of the Church for these
> thousand years, is described in this Chapter." (26)

Ein weiterer interessanter Einwand ist in der 29.Objection eingeführt:
Hier wird das Argument geliefert, daß die Kirche oder die Gemeinde sich
immer unter dem Kreuz befinde und somit nicht in ein, wenn auch begrenztes
Reich der Glückseligkeit eintreten könne. Nach Alsted repräsentiert dieser
Einwand jedoch eine vulgäre, nicht bewiesene Einstellung und muß somit
nicht weiter behandelt werden. Auch der mögliche Einwand, daß der Beginn
der 1000 Jahre schon im Jahr 1517 festzusetzen sei, weil damals schon das
Wirken des Antichristen zu spüren gewesen sei, wird insofern entkräftet,
als an dieser Stelle Prolog und eigentlicher Akt verwechselt werde (27).

Alsted greift sogar das"heiße Eisen"an, daß ihm viele der zeitgenössischen
Theologen vorgeworfen haben: daß er mit der genauen Festlegung der 1000
Jahre sich ebenfalls auf den Tag des Endgerichts beziehe, dessen Datum
sich nach nach Mark.13,23 und nach Apg. 1,7 sich niemand errechnen dürfe.
Alsted bestätigt dieses Faktum in seiner Antwort auch, hält aber trotzdem
fest an seinen Berechnungen, die er aufgrund des Vergleichs von Daniel
und Offenbarungfestgestellt hat - , daß der Tag des Endgerichts nicht vor

dem Jahr 2694 festgesetzt werden kann (28). Ein weiterer Einwand soll in diesem Zusammenhang nicht unerwähnt bleiben, der sich auf die Auferstehung der Märtyrer bezieht: es sei absurd, an die leibliche Auferstehung der Märtyrer zu glauben, da sie sich dann wiederum den natürlichen Bedingungen des Lebens unterziehen müßten. Als Antwort führt Alsted hier ein Beispiel aus dem NT an: Lazarus und die Heiligen seien ebenfalls zu Christi Passion wieder leiblich auferstanden (29).

Im letzten Teil seiner Abhandlung gibt Alsted eine dreiteilige Zusammenfassung der Doktrin des 20.Offenbarungskapitels in Bezug auf den Katechismus, auf allgemeine Begriffe des christlichen Glaubens und bezogen auf die einzelnen Verse (30). Teilweise bis zu sechs Lehrsätzen werden aus den einzelnen Versen extrahiert, so daß Alsted zu allgemeinen Aussagen über das Wesen des christlichen Glaubens kommt, es werden z.B. das Wesen der Hölle, des ewigen Lebens, der Tatsache der Erwählung etc. angesprochen.

Insgesamt ist Alsteds theologische Innovation, der entschiedene Standpunkt des Prämillenialismus (31), der zwar in den ersten Schriften wie Methodus Sacrosanctae Theologiae (1614) und Theologia Prophetica (1622) noch nicht konsequent durchgehalten wurde,sondern nur andeutungsweise zu erkennen ist, maßgebend gewesen für die Entwicklung des englischen Millenarismus, der sich vornehmlich in den Schriften von Joseph Mede äußert (32). Den konsequenten ramistischen Versuch allerdings, die Apokalypse zu interpretieren, hat er nicht direkt auf Mede übertragen. Alsteds Prinzipien der Interpretation, die sich auf den Übergang von klaren Standpunkten zu weniger klaren Aussagen Aussagen beziehen, ermöglichten ihm einen klar durchschaubaren Versuch der Apokalypsenexegese:

Alsted supplies us with some principles for interpreting the Apocalypse. The clear statements of the book are to be discerned from those statements which are more difficult. The clear statements include those concerning the dragon, the rewards and punishments of evil, Christ, faith and eternal life. The less clear portions include the descrptions of the seals, vials and trumpets along with much of the detail about them. These scriptures may be clarified in three ways, that is, by comparing them with the prophets, with history and experience." (33)

Interessant ist auch, daß Alsted getreu der Ansicht seiner Zeit (33) den
Papst als den Antichristen ansieht:

"Alsted believed the clearest description Daniel gives
of Antichrist is in chapter 11:36-45. In his commentary
on this passage, Alsted turns especially to the Roman antichrist and is outspoken in his application of these prophecies
to the papacy. There are three characteristics of antichrist
which the pope fulfills admirably: ambition, diabolical
pride and the greatest idolatry Daniel in 11:36 states that
the king will do according to his own will; so the pope
believes that he is outside the law and cannot be judged
by any man..."(34)

Insgesamt läßt sich Alsteds Werk insofern bewerten, als es eine prämille-
nialistische Einstellung reflektiert, die gekennzeichnet ist durch den
Glauben an ein irdisches Gottesreich, dem aber gewisse Zeichen vorausgehen
wie die Verkündigung des Evangeliums unter allen Völkern und das Auftreten
des Antichristen. Getreu der Chronologie von Apk 20 endet dann das Gottesreich mit der Verfolgung durch Gog und Magog, dann dem Sieg Christi und
dem Jüngsten Gericht (35). Zudem entfaltet Alsted eine ausgesprochene
Epochenlehre und er steht in der Naherwartung. Seine streng chiliastische
Einstellung, die jedoch diametral entgegengesetzt ist zu Calvins Einstellung gegenüber der Apokalypse (36), gipfelt in der Festsetzung des Datums
für den Beginn des Milleniums: 1694!

II.2. "The Key of the Revelation" (1643)
Eschatologische Erwartung bei Joseph Mede

Alsted hat andere zu ebensolchen eschatologischen Erwartungen angeregt,
u.a. auch seinen berühmtesten Schüler J.A.Comenius (Komensky), der bei
ihm in Herborn studierte und z.b. den Anbruch des Milleniums auf das Jahr
1672 datierte (1). Nach seinem Umzug nach Siebenbürgen wird Alsteds Chiliasmus auch an dem dortigen Fürstenhof Rakoczy weitervermittelt. Besonders
kräftig wirkte sein Einfluß jedoch auf England, wie R.G.Clouse niederlegt
(2). Während einige puritanische Vertreter wie Thomas Hayne und Robert
Baillie seine Auslegung anzweifelten (3), übernahm Mede in Key of the
Revelation einige von Alsteds Ansichten. Jedoch ist Mede nicht als skla-
vischer Interpret von Alsted zu sehen, sondern eher als jemand, der
Alsteds Werke gut kannte und der einige seiner Gedankengänge in sein Werk
aufnahm. Wie Clouse in seiner Darlegung betont, benutzte Mede Alsteds
Werke regelmäßig und äußerte auch seinen prämillenialistischen Standpunkt
zum selben Zeitpunkt wie Alsted. Angeregt durch die Ausgabe der Chronology
(1624), die zwar noch nicht Alsteds vollständiges milleniaristisches Konzept, sondern nur Teile enthielt, entfaltet Mede schon eine Diskussion
über die von Alsted festgesetzten Daten. In seiner Auslegung der Offenbarung geht Mede ganz besonders auf die Synchronien und Ordnungen der Prophezeiungen ein, deren gegenseitige Abhängigkeiten er in einem Entwurf bezogen
auf das gesamte Offenbarungsbuch darstellt. In einem ersten Teil gibt
Mede dann seinen Schlüssel zum Verständnis der Offenbarung, der hauptsächlich in der Aufstellung von sieben verschiedenen Synchronien besteht.

Medes Apokalypsenexegese beginnt mit einem Vorwort von Dr. Twisse, der einen kurzen Überblick über Methodik und Vorgehensweise der Offenbarungsin-
terpretation liefert (4). Vorangestellt wird der in der Civil-War-Zeit
so oft von den Puritanern zitierte Bibelvers aus dem Danielbuch: "Any shall
runne (or passe) to and fro, and knowledge shall be encreased." (Dan.12:4).
Seiner Meinung nach erscheint dieses rapide Anwachsen des Wissens u.a. auch
in der vermehrten Beschäftigung mit dem Buch der Offenbarung zu liegen.
Twisse rühmt Mede fast überschwenglich, wenn er ihn mit der Mutter Salomos
vergleicht: "Many daughters have done vertuously, but thou surmountest them
all." (Pro.31,29). Viele Interpretatoren der Offenbarung habe es schon ge-

geben, doch Mede überflügele sie alle. Dieses Lob soll aber nicht bedeuten, daß alle Vorgänger abqualifiziert, da ohne sie und ihre Arbeit die Interpretation nicht eine solche Höhe hätte erreichen können. Nach dieser Einleitung geht Twisse auf einige Punkte ein, die den Leser vor evt. Irrtümern bewahren sollen und ihm einen klaren Überblick über Medes Vorgehensweise zu geben:

1. Mede ordnet die zu interpretierenden Vorgänge in der Offenbarung nach der Zeit, in der sie erfüllt werden sollen, hat also eine temporäre Vorgehensweise.

2. Mede gibt sog. "Speciminia Essayes" von jedem Kapitel des Buches (außer den ersten drei Kapiteln), die einen jeweiligen Überblick über die Kapitel enthalten.

3. Einen ausführlichen Kommentar vom vierten zum vierzehnten Kapitel gibt Mede, auf den er auch im weiteren Verlauf der Interpretation eingeht.

Dabei versucht er exakte Unterscheidungen der Bedeutungen der Wörter und Sätze zu geben, da diese bildlich und metaphorisch zu deuten seien. Zweitens erscheint es als Schlüssel für die Interpretation wichtig zu sein, die jeweils richtige Zuordnung der einzelnen Voraussagen oder Prophetien einem entsprechenden historischen Zeitabschnitt zuzuordnen. Die Interpretation der Offenbarung bestehe im Wesentlichen darin, Deutungen der genannten Bilder und eine entsprechende Deutung von bestimmten Perioden zu finden. Es geht um ein lineares Geschichtsverständnis, das zu einer bestimmten Zeit ansetzt und bis in die Gegenwart nachzuvollziehen ist (5). Ausgehend von der Tatsache, daß der gesamte Körper der Offenbarung darin besteht, daß figurative Ausdrücke und Bilder ihre Verwendung finden, zieht Mede den Vergleichspunkt von der natürlichen zur konstruierten Welt und versucht dadurch Aufschluß zu bekommen über die Deutung der Bilder: hier läßt sich wieder eine Verbindungslinie herstellen zu der in der Renaissance gebräuchlichen Anschauungsweise der Korrespondenz von Mikrokosmos und Makrokosmos:" And as in the earth there is a great varietie of creatures, as of trees of various sorts, and of herbs and flowers: so in the people of any Commonwealth, is found grewt vareitie of differences." (6). Zur zweiten Interpretationsmethode, der Bezugnahme auf bestimmte historische Ereignisse, ist ein großes Maß an geschichtlicher Kenntnis erforderlich, die auch ohne weiteres von seinen Schülern bestätigt wurde:"and I have

found that Master Medes friendes, who have been acquainted with the
course of his Studies, would give him the bell for this, as herein out-
stripping all others." (7)

Einige Interpretationspunkte stellt Twisse ganz besonders heraus: -Mede
macht eine Unterscheidung zwischen dem Buch der sieben Siegel, daß er das
größere Buch nennt und in dem der Geschichtsverlauf des gesamten Universums aufgezeichnet ist vom Beginn des Evangeliums (8) und einem kleineren
in Offenbarung 10 erwähnten Buch, das die Kirchengeschichte beinhaltet.
Was das erste Buch betrifft, so untergliedert er noch einmal in die verschiedenen Siegel, die jeweils verschiedene Geschichtsepochen einhalten (9).
Eine weitere von Mede getroffene Unterscheidung besteht in dem "Neuen Jerusalem" und den geretteten Nationen: - das neue Jerusalem wird hier mit
Christus und die mit ihm auferstandenen Heiligen identifiziert, während
die Nationen die repräsentieren, die bis zu Gottes Ankunft treu auf ihn
warten. Relevant ist diese Unterscheidung deshalb, weil sie Aufschluß gibt
über die Errichtung eines Gottesreiches auf Erden. In Erwähnung
der alten Kirchenväter wie Augustin und Epiphaius, die in ihren Schriften
gegen das buchstäbliche Verständnis des Königreiches von Christus auf Erden polemisieren, stellt Twisse Mede über die Tradition, ohne jedoch ihn in
Bezug auf die zukünftigen Exegeten zu verabsolutieren.

Im weiteren geht Twisse noch auf die Übernahme Medes der Auslegung der
Zahl 666 von Potter (10) ein, die er als das größte bis jetzt enthüllte
Geheimnis darstellt. In der Auslegung der beiden Tiere, die in Offenbarung
13 erwähnt werden, differieren Potter und Mede, nichtsdestotrotz bewundert
Twisse die Eleganz, mit der eine Beweisführung gestaltet wird. Er führt
das zurück auf den generellen Einbruch des Lichts in die Dunkelheit, wie
er das Selbstverständnis seiner Zeit treffend charakterisiert.
> "What cause have wee to blesse God for bringing us
> forth in these dayes of light..."(11).
Dabei nimmt er nicht nur Bezug auf die vor hundert Jahren in Deutschland
stattgefundene Reformation, sondern generell auf die zu beobachtende ver-
mehrte Verbreitung des Evangeliums. Zum Abschluß gibt Twisse noch einen
kurzen Abriß der Endgeschichte, die in Medes Abhandlung folgendermaßen
dargestellt wird: Nachdem das Wirken der wohl zum letzten Mal das Evangelium verkündenden Zeugen beendet ist, bricht eine Zeitphase an, in der die-

jenigen, die unter den Zeugen zu leiden hatten, triumphieren und sich
gegenseitig Geschenke schicken. Die Zeugen werden aber wiederbelebt und
werden gleichwie Jesus dem Himmel entgegengerückt (12). Zur selben Zeit
kommt ein Erdbeben, das den zehnten Teil der Stadt Rom zum Untergang bringt
(Daß es sich bei der Stadt um die Stadt Rom handelt, wird von Mede dann
noch ausführlich begründet). Nach einer Erklärung der Relevanz von Gog
und Magog, geht Twisse auf die letztendliche Errichtung des göttlichen
Königreiches auf Erden ein, dessen Zentrum in Kanaan liegen wird:

> "Then I say, upon this their conversion,
> they shall gather themselves together from
> all places toward the land of Canaan..." (13).

Nach einer Anführung von Bibelversen, die die Bekehrung der Juden vor der
Errichtung des Königreiches beweist, geht Twisse noch auf das Feuer, das
sozusagen zum Weltende alles zerstören wird, ein: Die Besonderheit von
Medes Interpretation liegt darin, daß das Feuer, das sozusagen zum Weltende
alles zerstören wird, ein: Die Besonderheit von Medes Interpretation
liegt darin, daß das Feuer, das in Hesekiel 39,in 2.Thess.2 und in 2. Thess.
1,8 und 2,8 erwähnt wird, dasselbe ist (14). Danach folgt dann das endgültige Kommen des göttlichen Königreiches, der Inhalt der siebenten
Trompete: Offenbarung 11,15. Abschließend gibt Twisse durch den Appell
"Even so come Lord Jesus, Come quickly" (15) zu verstehen, daß er selbst
in dieser Naherwartung steht.

Im zweiten Kapitel "The Translator to the Reader" weist Rich. More auf
die Bedeutung der Prophetie innerhalb der Bibel hin. Dabei macht er die
Unterscheidung zwischen den alttestamentlichen Prophetien und der Prophetie, die von Jesus selbst ausgeht: - Gottes Sohn hat nicht nur von der
Erlösung geweissagt, sondern auch zukünftige Ereignisse in seine Lehre
miteinbezogen, deren Kenntnis für den Christen nicht nur eminent wichtig,
sondern auch mit dem Empfangen einer Segnung verbunden ist. Medes Kommentar stellt für ihn bis jetzt den erstaunlichsten und exaktesten aufgrund
seiner Methodik und exakten Vorgehensweise an. Die Schwierigkeiten, die
More beim Übersetzen zu überwinden hatte, bestanden hauptsächlich in den
Hebräismen und Gräzismen, die Mede in sein Latein eingeflochten hatte. Zudem weist er daraufhin, daß Medes Auslegung von der Existenz eines zukünftigen Gottesreiches in der Orthodoxie noch nicht anerkannt sei, dafür
aber keinen krassen Gegensatz zum christlichen Glauben oder zur Kirchen-

institution darstelle (16).

Wie stellt nun Mede seinen Schlüssel zur Offenbarung auf? Im ersten Teil gibt er bestimmte Synchronien, die zum Verständnis beitragen sollen: Die erste Synchronie ist zusammengesetzt aus vier wichtige Figuren oder Institutionen repräsentierende Teilen:

"1. Of the woman remaining in the wildernesse
for a time, times, and half a time; or as there
is more manifestly declared, 1260. dayes.
2. Of the seven-headed beast restored, and ruling
42 months.
3. Of the outer court (or of the holy citie)
so many moneths troden under foot by the Gentiles.
4. And last of the witnesses prophecying in
sackcloth 1260.dayes" (17).

Die Synchronie der verschiedenen Phänomene beruht auf der gleichen Länge der Zeitspanne, in der sie ablaufen. So stellt der Ausdruck für die Zeitspanne "eine Zeit, zwei Zeiten und eine halbe Zeit" ein Pendant zu 3 1/2 Jahren dar (wie es anhand eines Vergleiches von Offb.6,12 und 6,14 klar wird) und ist somit den 42 Monaten und 1260 Tagen gleichzusetzen. Allerdings räumt Mede ein, daß die gleiche Länge der Zeit kein Argument für die Gleichzeitigkeit des Auftretens sein kann und stellt von daher weitere Beweise auf, indem er die einzelnen Phänomene zunächst paarweise zusammensetzt:

a) die Synchronie des Weibes und des Tieres

b) die Synchronie des Tieres und der Prophezeiungen der
   Zeugen

c) die Synchronie der Zeugen und des Vorhofs

d) die Synchronie der Zeugen, des Vorhofs, des Tieres
   und des Weibes

Zuletzt schließt er, daß aus diesem Zusammenstellen die Gleichzeitigkeit der Visionen bewiesen ist:

"If the treading under foot of the court
and holy city did agree in time with the
prophecy of the Witnesses; it will agree
in time also with the Beast, with which the
Witnesses agreed in time; and therefore
also with the woman in the wildernesse, to
which the Beast agreed in time. So the woman
in the wildernesse, the dominion of the Beast,
the treading of the holy city under foot, and
the prophecie of the witnesses , do synchronize

each with other."(18)

Die zweite Synchronie besteht aus der Zusammensetzung des zweihornigen
Tieres (oder falschen Prophetens) mit dem zehnhornigen Tier (das Bild des
Tieres):

> "For the two horned Beast is the founder, or
> erector of that seaven headed Beast, wearing
> Crownes upon his ten horns; which after his
> deadly wound, to the great hurt of the Saints
> he anew restored according to the image of a
> certain former estate wherein he was to
> rule 42.months, chap.13,2,3,5,12,14,15.
> which being done, he doth exercise all his
> power in his presence;..."(19)

Umfaßt die dritte Synchronie die große Hure mit dem siebenköpfigen Tier
(mit 10 Hörnern) (20), stellt die vierte Synchronie das Zusammenspiel der
144 000 Zeugen, der Hure Babylon und dem Tier dar (21). Die sechste
Synchronie erwähnt den Vorhof und den Kampf des siebenköpfigen Drachens
mit Michael. Die siebente Synchronie umfaßt die sieben Zornesschalen, das
Tier und Babylon. Die Zusammenstellung der verschiedenen Visionen ergibt
nach Mede den Schlüssel zum Verständnis der Offenbarung, ohne den keine
weitere Interpretation möglich ist; zur Benutzung der verschiedenen Synchronien stellt er dann sechs Hinweise auf, wobei der erste Hinweis die
Wichtigkeit der Chronologie deutlich macht:

> "...yet to be furnished by the holy spirit
> with such signes and characters through the
> whole narration, that thence the right course,
> order and synchronismes of all the visions, according
> to all things done in their time, may be found out,
> composed, and demonstrated, and that without the
> supposition or help any interpretation granted" (22)

Dabei ist die Chronologie aber nicht unbedingt ein Beweis für das chrono-
logische Auftreten der Visionen:

> "Then furthermore, as is the manner in
> histories, that many and divers things,
> done by many and divers together, but
> severally and one after another: so also
> in these prophecies and visions of things done
> (howsoever revealed in the most aptest and
> wisest order by far) it falleth out, that
> they labour in vain that so go about to
> interpret the Revelation, as if the events
> every where should suceed one after another
> in the same order and course, as the visions are

revealed." (23)

In der gegebenen Ordnung jedoch muß sich jede Interpretation erfüllen:

"For truely he that will endevour with successe
to finde out the meaning of the Apocalyptique
visions, must first of all place the course,
and connexion of them one with another according
to things done, being thorowly searched out by the
foresaid characters and notes, and demonstrated,
by intrinsicall arguments as the basis, and
foundation of every solid, and true interpretation.
Therefore (which we see to be done amisse by every many)
the order itself is not to be conformed to every aptness
of interpretation, according to the will of the
interpreter; but according to the Idea of this
Chronicall order framed before hand; by the characters
of Synchronismes is every interpretation to be tryed
as it were by a square and plumb-rule."(24)

Nicht menschliche Weisheit, sondern Gottes heilige Prophetie kommt in der

Anwendung der Ordnungsprinzipien zutage:

"For without such foundation, thou shalt
scarce draw any thing out of the Revelation,
that will soundly assure the interpretation
and application thereof, and which resteth
upon divine authoritie, but upon begged
principles, and mere human conjectures,
on the contrary side, this being admitted
for a foundation, when as now the pales
of time and order, shall not suffer the
aplication to rove at random, and according
to pleasure..."(25)

Die Erfüllung einer Prophetie verdeutlichet anhand des Schlüssels die

folgenden:

"In which (lest happily thou shouldest
be ignorant of the use of it) if once the
sense of any principall vision, and the
times thereof fulfilled shall appear unto
thee; thou hast then already wayshewed thee,
whereby the line of Synchronismes and of
order, thou mayes find out, yea and demonstrate
the meaning of the other visions."(26)

Anhand des Schlüssels läßt sich der architektonische Aufbau demonstrieren:

"Try and having tried thou wilt confesse,
that this prophecie is wonderfull, with
which, the matter throughly lookt into,
none of the old Testament, (for so it beseemed
the gospel) no not that of Daniel is to be
compared in certaintie, either for the
singular workmanship of the Revelation, or for

the way and reason of finding out the interpretation."(27)
Nach der Aufstellung des Schlüssels erfolgt dann ein erster Kommentar zur
ersten Prophetie, die sich auf die Siegel und Trompeten bezieht. Nach Medes
Ansicht besteht der Inhalt der Siegel in dem Schicksal des römischen Reichs,
wobei das erste Siegel den Beginn der Verbreitung des Evangeliums in der
romanischen Welt bis zum Tod des Apostel Johannes signalisiert, das zweite
Siegel die Zeitperiode von Trajan bis Commodus darstellt, das dritte Siegel
für die Zeit von Septimius Severus steht, das vierte Siegel die Kriegszeit
unter Maximinius darstellt. Das fünfte Siegel beginnt mit dem Jahr 268 mit
der 10jährigen Christenverfolgung unter Aurelianus. Dazu zitiert Mede
Orosius, um die Schwere dieser Verfolgung zu untermauern (28). Die Verfolgung, die bis zur Regierung von Diocletian zu datieren ist, wird von Sul-
pitius Severus folgendermaßen beschrieben:" The world was never more ex-
hausted of blood by any wars, neither did the Church ever conquer with
greater triumph.....then when it could not be slaughtered with ten years
slaughter."(29) Das sechste Siegel repräsentiert die Bekehrung Konstantins
im Jahr 311 (30). Weiter geht Mede auf die "versiegelte Menge" von Offenbarung 7 ein, die die von Gott versiegelte weiterexistierende Kirche trotz
des Verfalls des römischen Reiches repräsentiert (31).

Weiter beschäftigt sich Mede dann mit der Bedeutung der aus dem siebenten
Siegel herauskommenden Trompeten, auch hier ist wieder eine geschichtliche
Annäherungsweise zu konstatieren: die Bedeutung der erste dieser Trompeten
wird angewendet auf die barbarische Invasion 395 A.D., während die zweite
Trompete das in 10 Königreiche geteilte Reich repräsentiert. Weiter sagt
die dritte Trompete die Ausrottung des westlichen Kaisers 476 A.D.voraus,
während die vierte Trompete die ostgotischen Kriege mit Byzantin andeutet.
Die fünfte Trompete, die Rauch und Heuschrecken auf die Erde bläst, ver-
sinnbildlicht nach Mede einerseits den Einfluß des Islam, der christliche
Doktrin verwirrt, andererseits die Araber und Sarazener, die die Lehre des
Islam in das wichtigste Land Europas gebracht hätten. Das Volk der Türken
wird durch die sechste Trompete repräsentiert, sie vertreten den Zeitraum
um 1300. Mede behandelt ebenfalls die zwei Zeugen in Offenbarung 11. Diese
seien die Verteidiger der göttlichen Wahrheit gegen den sündlichen Zustand
der Kirche (32).

Die kindgebärende Frau in Kapitel 12 repräsentiert die Christus zur Macht bringende Kirche (33). Das zweifache Tier in Kapitel 13 wird von Mede einerseits als die päpstlich-weltliche Macht ausgelegt, andererseits als den kirchlichen Teil des neuen Königreiches (34). Nach seiner synchronistischen Interpretation erklärt Mede Kapitel 16, das sich mit der Hure von Babylon beschäftigt, zuerst, bevor er den Inhalt der sieben Zornesschalen auslegt. Die auf dem siebenköpfigen Tier reitende Hure identifiziert er mit Rom. Die sieben Köpfe repräsentieren die sieben Hügel, auf denen Rom gebaut ist und die sieben Typen von Regierenden:"kings, councils, tribunes, decemvirs, dictators, caesars and popes." (35). Die 10 Hörner repräsentieren die Teilung des römischen Reiches. Zur gleichen Zeit ertönt die sechste Trompete und sechs Zornesschalen werden über die antichristliche Welt ausgegossen. Auch wieder ist eine geschichtliche Interpretation zu konstatieren: Die erste Zornesschale wurde erfüllt durch die Identifizierung des Papstes mit dem Antichristen und mit dem apokalyptischen Babylon. Die zweite Zornesschale bezieht sich auf Luthers Reformation:

> "The second Phyall being powred out upon this
> sea, presently it became as the blood of the
> dead body, or cold and congealed blood, such as
> is wont to be of those that are dead and slaine,
> or of a member cut off; seeing it is destitute
> of the influence of spirit and heat, the enter-
> course with the fountaine of life being dissolved.
> The sense is. The pontificiall Sea was slaine
> as it were with death, beheading or slaughter.
> Now this was fulfilled, when by the labour of
> Luther and other famous reformers of the Church
> of that Age, God wonderfully blessing their under-
> takings, not one some single persons onely of the
> common people of Christendome, but even whole
> provinces, Diocesses, Kingdomes, Nations, and
> cities renounced communion with those of the
> Beast, and there being made a great dismembring
> of the dominion which was so large in times past,
> they departed from the body of the Beast." (36).

Die dritte Zornesschale wurde erfüllt durch die Vertreter von Rom:

> "The Rivers and Fountaines of waters of the Bestian
> world, are the ministers and defenders of the Antichristian
> jurisdiction, whether Ecclesiasticall, as Jesuites, and
> other Emissary priests; or even Secular and Lay, as the
> Spanish champions, to both of which as from that juris-
> diction os committed a charge of foliciting and advancing
> the course, which they call catholique, in like manner as
> the rivers derive their originall out of the Sea; so also
> they bestow their labour and cost, to the enlarging and

preserving of it;
even as also the rivers return to the Sea." (37)

Während die ersten drei Zornesschalen noch vor Medes Zeit ihre Erfüllung
fanden, warten die restlichen vier Zornesschalen noch auf ihre Zeit. Die
vierte Zornesschale wird seiner Meinung nach den Papst richten (38), die
fünfte bringt die Zerstörung der Stadt Roms und die sechste bedingt das
Austrocknen des Flusses Euphrates, um den Weg für die Könige aus dem
Osten zu bereiten. Endlich bringt dann die siebente Zornesschale das
Endgericht und den Anbruch des Milleniums. Hier befindet sich dann auch
eine Interpretation der 1000 Jahre, die Mede bewußt zurückhaltend angeht,
da er konform mit puritanischer Manier vorsichtig mit dem Medium Sprache
umgehen will:

> "That the seventh Trumpet, with the
> whole space of the thousand years, and
> other prophecies thereto appertaining doe
> signifie that Great Day of Judgement; much
> spoken of by the ancient Church of the Jews,
> and by Christ and his Apostles, not some space
> of hours (as it is commonly beleeved) but
> after the manner of the Hebrewes taking a day for
> time) a continued space for many years, and
> circumscribed within two resurrections, as it
> were the bounds: a Day, I say, first, to begin
> at the particular, and as it were morning
> judgement of Antichrist, and the rest of the
> living enemies of the church, by the
> glorious appearing of our Lord in flaming
> fire: and then at length to determine
> after the reigne of the thousand yeeres
> granted to new Jerusalem his most holy Spouse upon
> this earth: and after the utter destruction of
> new enemies yet to arise, the great day waxing
> toward evening and Satan being again loosed
> at the universall resurrection, and judgement
> of all the dead. Which things being finished
> the wicked shall be cast into hell to be tormen-
> ted for ever; but the Saints shall be translated
> into Heaven to live with Christ for ever."(39)

In der weiteren Diskussion versucht Mede dann zu belegen, daß schon im
Buch Daniel (wie vor ihm auch Alsted) Hinweise und fast direkte Entsprech-
ungen zum 20. Kapitel der Offenbarung zu finden sind. Dazu stellt er
eine Übersichtstabelle auf, die die Begriffe "Thrones", "Judgements",
"Saints" gegenüberstellt und eine Entsprechung darlegt (40).

Nach dieser klaren Auslegung zieht sich Mede jedoch wieder zurück und befiehlt sein Werk der Kirche an und gesteht der Offenbarung doch letztendlich Geheimnischarakter zu:

"to the Church, to be determined by the Word
of God: to the Judgement whereof, as it is meet,
I do willingly submit mine opinion concerning this
mysterie." (41)

Insgesamt stellt sich für mich Medes Auslegung weniger durchorganisiert, dafür aber ausschmückender dar als Alsteds. Doch auch hier sind wieder die gleichen Muster zu konstatieren: der Versuch, eine methodische Vorgehensweise anzuwenden, färbt auf Satzbau und Ausdrucksweise ab - klar, parataktisch, einfach und ornamentlos. Dabei spricht immer wieder die Begeisterung für eine gefundene Ordnung im Weltenlauf, für einen gefundenen Schlüssel des Uhrwerks der Eschatologie durch, so daß der Leser, abgesehen von der wirklichen Zeiteinteilung, ein Millenium vor sich sieht.

III. Gründe für das Aufkommen von Apokalypsenexegesen
Versuch einer Einordnung

"Der krisenhafte Charakter des 17. Jahrhunderts und die hervor-
ragende Bedeutung, die diese Geschichtsepoche für die Heraus-
bildung des neuzeitlichen Englands gehabt hat, sind von der
Geschichtsschreibung seit je erkannt und gewürdigt worden."(1)
Bestimmt wurde der krisenhafte Charakter hauptsächlich durch das Entstehen
des "Civil Wars", dessen Konzeption die Geschichtsschreibung allerdings
unterschiedlich sieht. Das Konzept der "Puritanischen Revolution", vor
allem vertreten von Henry Hallam, Thomas B.Macaulay und S.Gardiner, ist
so zu verstehen, daß der englische Bürgerkrieg ein revolutionärer Frei-
heitskampf gewesen sei, der die englische Verfassung gegen den Stuart-
Absolutismus durchsetzen wollte (2). Diese traditionelle Whig-Interpreta-
tion blendet jedoch weitgehend die sozio-ökonomischen Voraussetzungen, die
zu den ideologischen und verfassungspolitischen Auseinandersetzungen
führten oder zumindest indirekt ermöglichten, weitgehend aus. Die Analyse
der Ursachen des englischen Bürgerkriegs steht im Mittelpunkt der historio-
graphischen Debatte, wobei einerseits das Konzept der puritanischen Revolution, andererseits die Idee von der sozialgeschichtlichen Bedeutung
der englischen Revolution, in Gang gesetzt von R.H.Tawney und Ch.Hill (3),
die zum Konzept der "Bürgerlichen Revolution" führte, ausgearbeitet wurde.
Tawney's These besteht darin, daß er, aufbauend auf der Gleichgewichts-
theorie eines "James Harrington", Veränderungen, die sich auf der wirt-
schaftlichen Ebene vollziehen, bedingend ansieht für Veränderungen auf
der Macht-oder Herrschaftsseite."So wie das Verhältnis oder Gleichgewicht
des Eigentums an Grund und Boden ist, so ist auch die Art der politischen
Herrschaft."(4) Tawneys Konzeption geht weiter von der Beobachtung aus,
daß im Jahrhundert vor dem Ausbruch des Bürgerkriegs ein grundlegender
Wechsel in den Eigentumsverhältnissen stattfand, in dem die traditionelle
feudale Herrschaftsklasse, die Aristokratie, einen Teil des Besitzes von
Grund und Boden an die neue Mittelklasse, die Gentry, verlor und daß diese
durch ihre bessere Anpassungsfähigkeit das Übergewicht gewann. Daraus entwickelte sich dann der Prozeß eines politischen Machtzuwachses - der des
Aufstiegs des "House of Commons". Als daraufhin eine Kontroverse zwischen
Krone und Parlament entstand, mündete dieser Konflikt dann in den endgül-
tigen Bürgerkrieg, dessen Ausgang schließlich mit einer Stabilisierung
der Macht der neuen bürgerlichen Eigentümerklasse zu benennen ist. Damit

war "balance of property" und "balance of power" wiederhergestellt und zugleich die Voraussetzungen geschaffen für die weitere Ausbreitung bürgerlich-kapitalistischer Verhältnisse in England.

Allerdings hatte diese Deutung, der in den 50er Jahren dieses Jahrhunderts hauptsächlich gefolgt wurde, in Gestalt von H.R.Trevor-Roper einen Hauptkontrahenten, der zwar auch bei der sozialen Mobilität im vorhergehenden Jahrhundert ansetzte, aber darüberhinaus nicht die Entwicklung der Eigentumsverhältnisse, sondern in erster Linie die Gunst des königlichen Hofes, den Zugang zu öffentlichen Ämtern etc. und die Ausnutzung von Einnahmequellen bestimmend machte. Damit verlief dann die entscheidende Trennung nicht wie bei Hill und Tawney zwischen niedergehender Aristokratie und aufsteigender Gentry, sondern zwischen denjenigen, die Zugang zum Hof und öffentlichen Ämtern besaßen (court lawyers, court officials, court peers, court merchants etc.), und denjenigen, denen dieser Zugang versperrt blieb. Dabei trat insbesondere eine Gruppe in den Vordergrund, die "mere gentry", deren Bewußtseinsgehalt vom teilweise radikalen Puritnaismus oder vom Katholizismus (5) abhing, die nach Trevor-Roper der eigentliche Träger der "Puritanischen Revolution" war. Diese Gruppe (6) war eher konservativ und nciht revolutionär eingestellt, sie stellte die Männer, die 1640/41 als Country-Park das "Court-System" überwanden und die später als radikale Independenten die Führung der New Model Army überwanden und Cromwell an die Macht brachten (7). Somit standen sich zwei diametral entgegengesetzte Rekonstruktionen des englischen Bürgerkriegs gegenüber, wobei sich allerdings keine der beiden hat voll durchsetzen können (8). Als eigene soziale Bewegung in der Revolution haben sich dann die "eigentumslosen Schichten" (8) in der Revolution organisiert, die aus folgenden Gründen zustande kam: "1. die Niederlage der Leveller, die ihererseits durch den Abfall der eigentumslosen Schichten endgültig besiegelt wurde; 2. die Hinrichtung Karls I. und 3. die Ausrufung des Commonwealth, an die sich besonders im englischen Volk große Erwartungen knüpften."(9). Die Art und Weise, wie die Eigentumslosen ihre Zukunftsvorstellungen formulierten, war wieder spezifisch religiös geprägt. Es gab verschiedene separate Aktionsgemeinschaften wie z.B. die Diggers, die Baptisten, die Quäker, die Ranters, Seekers und die Fifth Monarchy Men, die die Aufklärung über Gott nicht mehr in und von

der Kirche erwarteten, sondern auf die eigene, innere Erleuchtung hofften.
Diese mehr oder weniger unorthodoxen Religionsgemeinschaften hatten die
Tradition des Chiliasmus gemeinsam, wobei sie allerdings verschiedene
Folgerungen daraus zogen: So waren die Fifth Monarchy Men bestrebt, aktiv
das Regiment Cromwells ihren Erwartungen anzupassen. So rekurrierten sie
auch später, um ihre Aktionen zu begründen, auf Alsted und Mede (10).
Interessant ist, daß weder Alsted noch Mede einer solchen Bewegung ange-
hörten. Mede war Theologe in Cambridge und Anglikaner, während Alsted
reformierter Theologe war. Beiden ist also eher wissenschaftliche, religiöse Gelehrsamkeit zuzusprechen als echte revolutionäre Ambition. Ihr
Interesse lag wohl eher auf dem textphilologischen, theologischen Gebiet
als auf politischem Kalkül. Meiner Ansicht nach wurde die Apokalypsenexegese für politische Zwecke ausgenutzt, die sie in der Weise nicht beab-
sichtigt haben konnten, zumal sie die Etablierung des Reiches Gottes so-
wieso in naher Zukunft erwarteten. Zu beachten ist in ihrer Darstellungs-
weise ein einfacher, schmuckloser Stil, der eher auf Ornamente verzichtet,
parataktische Sätze liefert, um eine klare, jedem verständliche Aussage
zu erreichen. Es geht ihnen ganz in ramistischer Tradition um Klarheit,
Verständlichkeit und um eine logische Ausdeutung der Zukunft. Bei den behandelten Apokalypsenexegesen handelt es sich nicht um mythisierte, ver-
schlüsselte Sprachfiguren, sondern um den Versuch, diese mit rationellen,
logischen Mitteln aufzuklären. Es wird versucht, den Schritt vom Bewußtsein
der unterschwelligen, verborgenen und doch existenten Mächte, die in
mythischen Bildern ihren Ausdruck finden können, zu einer klaren Bewußt-
seinshaltung und deren Äußerung zu gehen. So läßt sich z.B. die Haltung
der Propheten im AT als eine eindeutig bewußte und damit von der eksta-
tischen zu unterscheidende festlegen (11). Auch hier wird die Bedrohung,
die aus einer einmal unverstandenen Prophetie dem Menschen entgegen-
tritt, rational und wissenschaftlich erfaßt, um sie sozusagen "unschädlich"
zu machen. Das auf den ersten Blick chaotisch erscheinende Material der
Offenbarung, die Figuren wie die Hure aus Babylon, die Trompeten, Siegel
und Zornesschalen, die bei nährerm Hinsehen offensichtlich doch in einer
bestimmten Ordnung stehen, bieten den Anreiz auf archetypisches und psycho-
logisches Fundament im Menschen selbst. Hilfreich ist dann wieder die
Chronologie, die versucht, die verschiedenen Elemente in eine Beziehung zu
setzen. Auf dem Hintergrund des 17.Jahrhunderts, dessen Krise sowohl

politische als auch sozioökonomische Ursachen aufzuweisen hat, ist ein
Rückgriff auf ein Millenium nur zu verständlich (12). Eigentlich ist die
chiliastische Idee schon immer vorhenden, braucht sie doch nur Anstoß von
außen, um wieder mit Nachdruck vertreten werden zu können. "Es zeigt sich
also, daß die Welt schon längst den Traum von einer Sache besitzt, von
dem wir nur das Bewußtsein zu haben brauchen, um ihn wirklich zu besitzen."(13)

Allerdings sind die behandelten Apokalypsen nicht in das sozialradikale
Engagement eines Gerrard Winstanley einzureihen (14) oder den Aktionen der
Fifth Monarchy Men zuzuordnen (15). Meiner Ansicht nach hat hier auf dem
Hintergrund einer verworrenen politischen Situation einerseits und einer
Heraufkunft der Neuzeit andererseits eine Vermischung von theologisch-
wissenschaftlicher und politisch-gesellschaftlicher Fragestellung statt-
gefunden.

194

IV. Anmerkungen

I.1. Das Verständnis des Milleniums in der Entwicklung

1)Gerhard Maier, "Die Johannesoffenbarung und die Kirche", Tübingen 1981,
   S.108-166
2)ebd.,S.129-166
3) Peter Toon, "Puritans, the Millenium and the future of Israel: Puritan
   Eschatology 1600-1660", London 1970, S.8ff.
4) ebd.
5) zu Thomas Brightman, s.katherine Firth, "The Apocalyptic Tradition in
   Reformation Britain", Oxford 1979, S.204f.
6) Robert G.Clouse, "The Influence of John Henry Alsted on English
   Millenarian Thought in the seventeenth Century",Iowa 1963,S.49
7) ebd.,S.49f.
8) ebd.
9) ebd.,S.58
10) ebd.,S.41
11) zur Diskussion dieser Fragestellung siehe Charles Webster, "The Author-
   ship and Significance of 'Macaria'", in: Charles Webster (ed.), "The
   Intellectual Revolution of the Seventeenth Century", London 1974.
12) Ch. Webster,a.a.O., S.369f.
13) ebd., S.381
14) C. Firth, S.207
15) ebd.
16) ebd., S.208
17) So hat z.B. P.Toon Andreaes Christianopolos nicht in seine Unter-
   suchung mitaufgenommen.
18) Charles Webster, "The Great Instauration", London S.5

I.2. Die ramistische Strömung als Wegbereiter einer argumentativen Apoka-
    lypsenauslegung

1) Perry Miller, "The New England Mind", Cambridge, Massachusetts 1954,
   S.111
2) ebd.,S.112
3) ebd.,S.112
4) ebd.,S.113
5) ebd.
6) Franz Heinrich Plett, "Der affekttheoretische Wirkungsbegriff in der
   rhetorisch-poetischen Theorie der englischen Renaissance",Bonn 1970,
   S.69
7) P.Miller,S.115
8) ebd.
9) ebd.,S.66
10) W.S.Howell, "Logic and Rhetoric in England 1500-1700", Princeton,
   N.J. 1956,S.147
11) ebd.,S.146ff.
12) ebd.
13) ebd.
14) ebd.
15) P.Miller,S.128
16) W.S.Howell,S.50ff.
17) Während P.Miller in diesem Zusammenhang die Vokalbeln "artificial"

und "inartificial" gebraucht, verwendet Howell "artistic" und
"non-artistic".

18) P.Miller, S.129

19) P.Miller,S.131

20) P.Miller, S.132

21) W.S.Howell, S.158

22) ebd.

23) W.S.Howell, S.158

24) ebd.,S.159ff.

25) ebd.

26) ebd.,S.160

27) ebd.

28) W.S.Howell,S.160

29) ebd.,S.161

30) ebd., S.164

31) ebd.,S.173ff.

32) P.Miller,S.139

33) ebd.

34) ebd.,S.164

35) ebd.,S.151

36) P.Miller, S.151

37) P.Miller,S.152

38) P.Miller,S.152

39) P.Miller,S.152

40) P.Miller,S.153

II.1. The Beloved City (1642) - Präsentation des bald zu erwartenden
      Milleniums
 1) zit. nach King James Version, Nashville 1977
 2) A.Pohl, S.261
 3) ebd.
 4) ebd.,S.262
 5) siehe Appendix
 6) zit. Ausgabe: Joan.Henr.Alstedius,"The Beloved City or the Saints reign
    on earth a thousand yeares...", London 1642,microflim.,S.1.
 7) ebd.,S.1
 8) ebd.,S.1
 9) ebd.,S.4
10) ebd.,S.4
11) ebd.
12) ebd.,S.13

13) ebd.,S.14
14) ebd.,S.14
15) ebd.,S.26
16) ebd.,S.32ff.
17) ebd.,S.33
18) ebd.,S.35
19) ebd.
20) ebd.,S.49
21) G.Maier,S.318ff.
22) zit. nach King James Version
23) ebd.S.60ff.
24) ebd.,S.66
25) ebd.,S.72
26) ebd.,S.75ff.
27) ebd.,S.76ff.
28) ebd.
29) ebd.,S.78ff.
30) ebd.,S.80
31) Robert Clouse (Hrsg.), "Das Tausendjährige Reich: Bedeutung und Wirk-
    lichkeit", Marburg 1983. Hier werden die verschiedenen Strömungen Prä-
    millenialismus, Postmillenialismus, Dispensationalismus und Amillenia-
    lismus ausführlich erläutert.
32) Mede ist ebenfalls Prämillenialist.
33) R.Clouse, "The Influence...", S.154
34) ebd.,S.158
35) G,Maier, S.318
36) zur Einstellugn Calvins s.u.a.G.Maier,S.319.

II.2. The Key of the Revelation (1643) - Eschatologische Erwartung bei Joseph Mede

1) Perry Miller,   "The New England Mind", Cambridge, Massachusetts 1954,
   S.111
2) ebd., S.112
3) ebd.,S.206 f.
4) zit. Ausgabe: Joseph Mede."The Key of the Revelation", London 1643,
   microfilm,S.A3f.
5) ebd.
6) ebd.
7) ebd.
8) ebd.
9) ebd.
10) ebd.
11) ebd.
12)-15) ebd.
16) ebd.,S.b
17) ebd.,S.4
18) ebd.,S.4
19) ebd.,S.4
20) ebd.,S.7
21) ebd.,S.8
22) ebd.,S.27
23) ebd.,S.27ff.
24) ebd.,S.27

25) ebd. S.28
26) ebd.,S.28
27) ebd.,S.28
28) R.Clouse,S.87
29) ebd.,S.88
30) ebd.,S.87
31) ebd.,S.88
32) ebd.,S.89
33) ebd.,S.90
34) ebd.,S.92
35) ebd.,92
36) J.Mede,S.115
37) ebd.,S.115ff.
38) R.Clouse,S.93
39) J.Mede,S.122
40) ebd.,S.124
41) ebd.,S.134

III. Gründe für das Aufkommen vonApokalypsenexegesen

1)H.Haan,K.F.Krieger,G.Niedhardt,"Einführung in die englische Geschichte",
   S.79
2)in diesem Rahmen kann nur ansatzweise auf die beiden Konzepte eingegangen
   werden.
3)Christopher Hill, "Puritanism and Revolution",London 1965
4)H.Haan,S.86
5)katholische Strömungen vertreten nicht in dem Maße das Milleniarismus-
   konzept wie die puritanischen unabhängigen Bewegungen.
6)zur Aufspaltung dieser Gruppe s.M.R.Watts, "The Dissenters",Oxford 1978
7)H.Haan,S.88
8)ebd.,S.88
9)ebd.,S.99
10)Bernhard Capp: "The Fifth Monarchy Men. A Study in the 17th Century
   English Millenarianism", London 1972. S.23ff.
11)Abraham Heschel, "Das prophetische Bewußtsein", Berlin 1936.
12)P.Toon,S.51ff.
13)Ernst Bloch, "Abschied von der Utopie", Frankfurt 1980,S.177
14)Jürgen Klein, "Radikales Denken in England", Frankfurt 1984,S.215ff.
15)B.Capp,S.45ff.

198

V. Literaturverzeichnis

A) Primärliteratur
 1. "The Beloved City or the Saints reign on earth a thousand yeares..",
    London 1942.
 2. Joseph Mede,"The Key of the Revelation", London 1643.

B) Sekundärliteratur

1.Ernst Bloch, "Abschied von der Utopie?", Frankfurt 1980.

2. Bernard S.Capp, "The Fifth Monarchy Men. A Study in the 17th Century
   Millenarianism", London 1972.

3. Robert G.Clouse, "The Influence of John Henry Alsted on English Millenarian Thought in the Seventeenth Century",Iowa 1963.

4. Katherine R.Firth, "The Apocalyptic Tradition in Reformation Britain",
   1530-1645, Oxford 1979.

5. H.Haan,K.-F.Krieger,G.Niedhardt, "Einführung in die englische Geschichte", München 1982.

6. Abraham Heschel, "Das prophetische Bewußtsein", Berlin 1936.

7. Christopher Hill, "Puritanism and Revolution", London 1958.

8. W.S.Howell, "Logic and Rhetoric in England 1500-1700", Princeton,N.J.
   1956.

9. Jürgen Klein, "Radikales Denken in England", Frankfurt 1984.

10. Gerhard Maier, "Die Johannesoffenbarung und die Kirche", Tübingen 1981.

11. Perry Miller, "The New England Mind", Massachusetts 1954.

12. Heinrich Franz Plett, "Der Affektrhetorische Wirkungsbegriff in der
    rhetorisch-poetischen Theorie der englischen Renaissance", Bonn 1970.

13. Peter Toon, "Puritans, the Millenium and the future of Israel: Puritan
    Eschatology 1600-1660", London 1970.

14. Michael R.Watts, "The Dissenters", Oxford 1978.

15. Charles Webster, "The Great Instauration", London 1975.

J.H. Alsted gehörte zu den wichtigsten deutschen Gelehrten des 17. Jahrhunderts mit internationaler Wirkung. Diese Studie befaßt sich mit der Darlegung der Grundgedanken calvinistischer Theologie und Wissenschaft, wie sie von Alsted und seinem Kreis vertreten wurde, zu dem auch Jan Amos Comenius gehörte. Die rationalen Tendenzen des Calvinismus, die Lehre vom Licht und vom Tausendjährigen Reich Christi auf Erden wurden von Alsted und Comenius zugleich gepflegt. Beide wirkten intensiv auf die geistesgeschichtliche Situation Englands im Bürgerkrieg: die Puritaner erhofften den Beginn eines Gottesreichs, das sowohl durch neue Formen des Gemeinschaftslebens wie durch Anfänge moderner Wissenschaft und Enzyklopädie bestimmt werden sollte. So rezipierten die Engländer um Hartlib und Dury einerseits die von Alsted und Comenius inaugurierten Organisationsmodelle der Wissenschaft, aber auch die tiefe religiöse Überzeugung, daß das apokalyptische Zeitalter unmittelbar bevorstehe.

Jürgen Klein, Universitätsprofessor für Anglistik, Universität Siegen. Promotion 1973 in Marburg, Habilitation 1981 in Siegen. Bücher: Der Got. Roman u.d. Ästh. d. Bösen (1975), Byrons romant. Nihilismus (1979); Theoriengeschichte als Wissenschaftskritik (1980); (Hrsg.) Francis Bacon, Neu-Atlantis (1982); England zw. Aufklärung u. Romantik (1983); Radik. Denken in England (1984); Denkstrukturen d. Renaissance (1984); (Hrsg.), Studenten lesen Joyce (1984); Virginia Woolf (1984); Astronomie u. Anthropozentrik (1986); Beyond Hermeneutics (1985); (Hrsg. zus. m. H. D. Erlinger) Wahrheit Richtigkeit und Exaktheit (1986); Anfänge d. engl. Romantik (1986); Francis Bacon oder die Modernisierung Englands (1987). Hrsg. der Buchreihen: Aspekte d. engl. Geistes- u. Kulturgeschichte, Kultur - Literatur - Kunst; Britannia: Texts and Studies in English. Zahlreiche Aufsätze in Zeitschr. u. Sammelbände.

Johannes Kramer, Universitätsprofessor für Romanische Philologie an der Universität Siegen. Promotion 1972 und Habilitation 1976 in Köln. Bücher: Didymos' Ekklesiasteskomment., (1970, 72); Hist. Grammatik d. Dolomitenladinischen (1976/78); Introduzione alla filologia classica (1979); Poesia sursilvana (1981); Deutsch u. Ital. in Südtirol (1981); Vocabolario ampezzano (1982); Glossaria bilingua (1983); Zweisprachigkeit in d. Benelux-Ländern (1984); Straßennamen in Köln z. Franzosenzeit (1984); Aromunischer Sprachatlas (1985); Antike Sprachform und moderne Normsprache (1985-87); English and Spanish in Gibraltar (1987). Zahlreiche Aufsätze in Zeitschr. u. Sammelbänden.

ASPEKTE DER ENGLISCHEN GEISTES- UND KULTURGESCHICHTE

Herausgegeben von Jürgen Klein
Universität - Gesamthochschule - Siegen

Band   1 Wolfgang Maier: Oscar Wilde *The Picture of Dorian Gray*. Eine kritische Analyse der anglistischen Forschung von 1962 bis 1982. 1984.

Band   2 Heiner Gillmeister: Chaucer's Conversion. Allegorical Thought in Medieval Literature. 1984.

Band   3 Monika Bönisch: Archaische Formen in Samuel Becketts Romanen. 1984.

Band   4 Rudolf Freiburg: Autoren und Leser. Studien zur Intentionalität literarischer Texte. 1985.

Band   5 Reinhard Paczesny: Synkretismus als epochales Problem. Überlegungen zum Romanwerk George Moores. 1985.

Band   6 Jürgen Klein: Astronomie und Anthropozentrik. Die Copernicanische Wende bei John Donne, John Milton und den Cambridge Platonists. 1986.

Band   7 Sabina Fleitmann: Walter Charleton (1620 - 1707), "Virtuoso": Leben und Werk. 1986.

Band   8 Ingrid Schwarz: Narrativik und Historie bei Sir Walter Scott. Eine strukturale Analyse der Waverley Novels am Beispiel von "Old Mortality". 1986.

Band   9 Jochen Ganzmann: Vorbereitung der Moderne. Aspekte erzählerischer Gestaltung in den Kurzgeschichten von James Joyce und Katherine Mansfield. 1986.

Band 10 Dirk Friedrich Paßmann: "Full of Improbable Lies": Gulliver's Travels und die Reiseliteratur vor 1726. 1987.

Band 11 Gregory Claeys/Liselotte Glage (Hrsg.): Radikalismus in Literatur und Gesellschaft des 19. Jahrhunderts. 1987.

Band 12 Margaret Wright (Ed.): Dynamic Approaches to Culture Studies. 1988

Band 13 Birger P. Priddat: Das Geld und die Vernunft. Die vollständige Erschließung der Erde durch vernunftgemäßen Gebrauch des Geldes. Über John Lockes Versuch einer naturrechtlich begründeten Ökonomie. 1988.

Band 14 Andrea Beck: Konstitution von ästhetischen Sinnsystemen in sieben Hauptwerken Virginia Woolfs. 1988.

Band 15 Karl-Josef Walber: Charles Blount (1654-1693), Frühaufklärer. Leben und Werk. 1988.

Band 16 Jürgen Klein/ Johannes Kramer (Hrsg.): J.H. Alsted, Herborns calvinistische Theologie und Wissenschaft im Spiegel der englischen Kulturreform des frühen 17. Jahrhunderts. Studien zu englisch-deutschen Geistesbeziehungen der frühen Neuzeit. 1988.